帕斯卡的賭注

游偉翔——著

上帝存在……不信上帝將會墜入無盡深淵？

從《思想錄》探索人性的本質

U0059287

Blaise Pascal

上帝的存在不需要證明，只需要一場賭博！

說甜言蜜語的人，其實品行惡劣？人類喜歡偽裝，喜歡謊言和虛假？
信仰有罪嗎？誰能夠證明上帝不存在？如果無法證明，信仰又為何被汙名化？
那些對信仰、人性、道德、懷疑、欲望、權力……的探討，
最終都歸為那一句——人因為思想而偉大。

崧燁文化

序言

布萊茲．帕斯卡（Blaise Pascal，西元一六二三至一六六二年），十七世紀法國著名的數學家、物理學家、發明家、哲學家、散文大師和宗教聖徒式的人物。

帕斯卡僅僅活到三十九歲。三十九歲這個年齡，剛過但丁《神曲》所說的「人生中途」，還不到孔夫子所說的「不惑之年」，帕斯卡便溘然長逝，但他身後留下了豐碩的成果。

當他還是一個十一歲不諳世事的少年時，就寫了論文〈論聲音〉，發現了歐幾里得的第三十二命題。十六歲時便寫了〈論圓錐曲線〉，完成了「帕斯卡定理」。十九歲時製造了世界上第一臺機械電腦，能夠手搖計算六位數字的加減法。之後，他又提出了「帕斯卡三角」。接著寫了〈論液體平衡和空氣的重量〉，研究了液體平衡的一般規律，並發現了流體靜力學的最基本原理，即「帕斯卡定律」，他還發明了注射器、水壓計，並改進了氣壓計。此後，他又回到了數學上，並且發展出極限和無窮小的觀念，為之後的微積分學開闢了道路。

帕斯卡橫跨數學、物理、發明、文學等領域，而且在這幾個領域中，都不是簡單地涉水而過濺起一些表面的水花，而是影響到水下的深流，在這幾個領域中有著受人矚目的功績。

然而，他實際上並不在乎，甚至蔑視所有世俗的成功。他只是讀書、寫作和思考。科學研究和讀書的空檔，帕斯卡把他的思緒隨時寫在紙上，然後有一天，他把這些紙裁成的小條，依照內容歸納編排成書，這就是帕斯卡著名的《思想錄》(Pensées)。

《思想錄》已經誕生了三百多年，與培根的《論人生》、蒙田的《隨筆集》，並稱為西方三大經典散文，然而，與前面兩者相比，《思想錄》卻姍姍來遲，最後為我們所知。但是，《思想錄》卻最耐人尋味，它涉及人性、人生、社會、哲學、宗教等諸多方面，被視為法國古典主義散文的奠基之作。在《思想錄》中，帕斯卡說出了我們雖有感悟卻無法道盡的哲理。

他說：「人只不過是一根蘆葦，是自然界最脆弱的東西；但他是一根能思想的蘆葦」、「我們全部的尊嚴就在於思想」。就這樣，帕斯卡用一串串的精神紀錄證明，他是一根最有尊嚴的蘆葦。這個體弱多病的人，就像蘆葦在風中搖擺，但有著哲學家的堅定。

他是一位思想的鬥士，毫不妥協地說出世間的一切，向我們指明人因思想而偉大的事實。然而，他遺憾地發現世人很少想到這一點，「人顯然是因為思想而生的，人的全部優點盡在於此，人的全部責任也在於依照恰當的方式思想。但世人在思考什麼呢？是跳舞、吹笛、唱歌、寫詩、鈴響了就賽跑，還有打鬥，讓自己當國王，卻不想想當國王是怎麼一回事，當普通人又是怎麼一回事。」

三百多年後，這一切有什麼重大的改變嗎？沒有。不同的是，現代人不想打仗，不想當國王，人們想得更多的是錢，是色，是名，是國王以下的官位，是一切虛浮而功利的東西。「我們是如此狂妄，竟然希望全世界的人都知道我們，甚至是後來者，哪怕那時我們已經不在人世。我們又是如此虛榮，哪怕我們周圍只有五、六個人的尊敬，就能使我們開心和滿足。」我們不只是脆弱的蘆葦，我們更是平庸的蘆葦，是深深地沉湎於世俗的蘆葦，溼漉漉的葉片墜滿了簡單而低俗的欲望。或許，這就是普通的芸芸眾生不可擺脫的命運？

因此，我們這個世界需要哲學家和思想家來澄清一些迷惘，畢竟不是所有人都滿足於人生表面的光怪陸離和虛華。思想是一個人的靈魂，既沒有主見、又沒有自己思想的人是淺陋和可怕的。一個人如果沒有帶著思想去生活，那麼，他只是活著，而不是生活，更不可能擁有富有意義的人生。我們應該成為一個熱愛思想的人，正是思想使我們有別於其他動物，並持有一份尊嚴。

既然人是一根脆弱的蘆葦，那麼，思想的纖維不是可以讓這蘆葦結實一些嗎？

《思想錄》一書為哲學和宗教方面的探討提供了豐富的源泉，成為人因思想而偉大的一個證明。《思想錄》本來有可能改寫啟蒙運動與理性主義思想在法國和歐洲的發展史，可惜帕斯卡英年早逝，只留下了一部尚未完成的手稿。其中有些部分業已大致成章，斐然可讀，文思流暢，清明如水；還有些部分則尚未定稿或僅有提綱，言簡意賅或竟致不成語，使讀者很難看懂。本書是帕斯卡原著的精選譯本，是集帕斯卡思想之大成的作品。書中對原著中某些缺乏連貫性和用詞晦澀難懂的內容，進行了適當的增刪和改動，目的就是為了使讀者更好地理解帕斯卡的思想。

帕斯卡的《思想錄》，這一超越時空的經典哲理散文，它不但屬於歷史，而且超越歷史，彷彿不死的靈魂在其中永存，正因如此，我們在閱讀時能感受到一種靈魂覺醒的驚喜。《思想錄》就像一葉智慧的扁舟，帶你駛離浮華虛空的彼岸，更是一次走近大師的心靈之旅，幫助我們從精神的噩夢中甦醒。

目錄

人的兩種不同的思維方式

人擁有兩種不同的思維方式——數理思維與直覺思維。這兩種思維具有本質上的區別。

在數理思維中，原理是顯而易見的，但卻遠離日常的運用。由於習慣的原因，人們的思維很難轉到這上面來，倘若稍稍轉向這一方面，原理就不難看清。如果誰從這些清晰的原理中做出錯誤的推理，那麼，他的思維一定非常混亂。

在直覺思維中，原理就在每個人的眼前，就在日常的運用中。人們只要睜眼去看，無須費力，這只是眼光好壞的問題。眼光必須好，因為原理如此微妙而眾多，以至於人們不可能不發生錯漏。漏掉一個原理就會導致錯誤，因此，人們必須有足夠敏銳的眼光，要看到全部的原理，而且還要有精密的思維，切不可從已知的原理中做出錯誤的推理。

如果有敏銳的眼光，所有數學家都會是直覺的，因為他們不會根據已經掌握的原理進行錯誤的推理；如果思維直覺的人去注意那些他們不熟悉的數學原理，則會具有數理思維。

因此，一些思維直覺的人沒有數理思維的原因，是他們根本不願意將注意力轉向數學原理。然而，數學家之所以不能進行直覺思維，是由於他們對眼前的東西視而不見，而且習慣於精確簡潔的原理，沒有仔細檢查和整理好原理就不願開始推理，當一些原理不允許進行整理的時候，他們就會在直覺的事物中迷失方向。這些原理很少是被看出來的，它們是感覺出來的。對於那些本身無法感知這些原理的人而言，要讓這些原理被感知，是無比困難的事情。這些原理如此精細而繁多，以至於要感知它們就需要有細緻而又明晰的感覺，並在感知時做出適當的判斷。但大多數情況下不能用數學裡的秩序來展示，因為這些原理並不是以數學的方式為我們所獲知的，也因為這事做起來將是永無止境的。我們必須一眼就能看出那個事物，而不需要推理，至少在某種程度上應該如此。

所以，數學家很少是直覺的，而思維直覺的人也很少是數學家，正是因為數學家想要以數學的方式處理直覺的事情，想要以並不屬於這一類推理的方式，先是以定義，接著用定理來處理它們，這樣一來他們就把自己弄得非常荒唐可笑了。並不是說我們的思維不能這樣推理，而是說它在默默地、自發地進行著，沒有機械的規則，因為沒有人能表達直覺思維的原理，而且只有很少的人才能感覺到它。

反之，直覺思維的人由於習慣於看一眼就做出判斷，所以，面臨自己毫不理解的命題，並且進入這些命題又要透過他們所不習慣的、枯燥無味的、需要仔細研究的定義和定理時，他們往往會驚慌失措，以至於退避三舍、神情沮喪。

然而，思維遲鈍的人永遠無法進行直覺思維，也無法進行數理思維。

數學家們有著嚴密的思維，所有的事物都要以定義和定理的形式向他們解釋，否則他們就會因犯錯而讓人無法忍受，因為只有在原理十分清楚的時候，他們才會是正確無誤的。

僅憑直覺思維看待事物的直覺者，沒有耐心進入思辨性的和概念性事物的根本原理中，這些原理是他們在世界上從未見到的，完全脫離日常生活。

正確理解的途徑各式各樣。有些人在某一類事物上有正確的理解，但在另一類事物上則並非如此，往往誤入歧途；有些人僅僅根據幾個前提就可以很容易得出結論，這顯示了他們敏銳的判斷力；還有些人在前提較多的情況下很容易得出結論。

例如，前者很容易就能掌握流體靜力學，流體靜力學的前提很少，但結論卻要非常精細，只有極其敏銳的人才能得出這樣的結論。雖然如此，這些人可能並不是偉大的數學家，因為數學包含大量的前提。也許有一種智力能輕鬆地從少數前提中追根究柢，卻無法對包含大量前提的事物深入探究。

因此，便存在兩種智力：一種能敏銳而深刻地看透既定前提的結論，這是精確性的智力；另一種能理解眾多的前提而不致於混亂，這是數理方面的智力。前一種智力，有力而精確；後一種智力，全面而廣博。一種智力可以在沒有另一種智力的情況下存在，智力可能是強大而狹隘，也可能是全面而脆弱。

習慣於憑感覺下判斷的人不理解推理的過程，因為他們往往看一眼就理解，並不習慣於追求原理；反之，習慣於根據原理推斷的人不明白感覺上的事情，因為他們尋求原理，卻沒有一眼看透的能力。

感覺屬於判斷，正如科學屬於智力。直覺是判斷的一部分，數學是智力的一部分。

沉思

以研究帕斯卡著稱的法國學者維克多曾經說過：「如果整個法國文學只能讓我選擇一本書留下，我會毫不猶豫地選擇留下《思想錄》，它是一個崇高的純粹法國天才的標本。」

毋庸置疑，帕斯卡的確是一個天才，他僅活了三十九歲，卻是世所公認的物理學家、數學家、哲學家和思想家。他的《思想錄》表現出對人類問題的極大關注。

帕斯卡的言語，飽含理性的思考，我們的閱讀也應該有靈魂的參與——在閱讀的同時自我發現、自我成長。

雄辯的藝術

真正的雄辯輕視修辭。

雄辯——它必須是令人快樂而又是真實的，但令人快樂本身又來自於真實。

雄辯是思想的一幅畫；因而那些畫過之後又添上幾筆的人，就是在寫意而不是在寫真了。

雄辯是以甜言蜜語說服人，而不是以權威；它是暴君，而不是國王。

（編按：據布倫士維格的解說：國王是合法的，而暴君是非法的；說服力的權威是合法的，但雄辯的甜言蜜語卻足以敗壞人的意志。）

雄辯就是以下述方式講述事情的藝術：聽我們說話的人沒有痛苦，而只有快樂；他們對此感興趣，因而自愛心引導他們自願地就聽到的內容進行思考。

因此，這就在於要建立兩者之間的相互符合：一方面是聽者的精神和心靈，另一方面是我們使用的思想及其表達。這表示我們認真研究過人的心靈以便認識它的全部力量，以找出適合他們的那篇談話的適當分寸。我們必須把自己放在聽者的位置上，在自己內心中檢驗談話的委婉，以檢查兩者之間是否相符，以及我們是否有把握使得聽眾完全信服於我們的談話。我們要盡量把自己約束在簡單自然的事情上，不要把小事誇大，也不要把大事化小。一件事情僅僅說得漂亮還不夠，它必須和主題相符，過與不及都不行。

雄辯的時間太長也令人厭煩。

沉思

雄辯是一門藝術。

雄辯的關鍵並不在於你說得多麼流暢、滔滔不絕，而在於是否善於表達真誠。當用得體的語言表達出真誠時，你就贏得了對方的信任。反之，如果一瀉千里的談話缺乏誠意，就失去了吸引力，如同一束沒有生命力的塑膠花，雖然美麗但不鮮豔動人，魅力也就無從談起。

說服的理由

人們往往更容易被自己發現的理由說服，而不太容易被別人想出來的理由說服。

當我們想要有效地糾正別人並指明他犯了錯誤時，我們必須注意他是從哪方面觀察事物的，因為在那方面他可能就是正確的；我們必須承認他那方面的正確，然而，也要向他指出他在另一方面所犯的錯誤。他會滿足於這樣的做法，因為他看到自己並沒有錯，只是沒能全面地看問題而已。人們不會因為沒有看到一切而生氣，然而，人們卻不願意自己犯錯，這可能是源於這樣一個事實：人天生就不可能看到一切，因此很自然地，他不可能在自己所看到的那一面犯錯，因為我們的感官得出的知覺總是真實的。

沉思

從心理角度而言，直截了當地指出錯誤總令人難堪，結果是常常引起爭論，弄得雙方面紅耳赤、不歡而散。說服別人承認錯誤，進而有效地糾正錯誤，切記要顧及對方的自尊心，力求不傷害對方。最恰當的做法是：委婉地引導他認識自己的錯誤，進而被自己發現的理由說服。

心靈的影響

在世人發明的所有娛樂中，沒有哪一種比戲劇更具影響力，它表現的感情是那麼自然、那麼細緻，以至於在我們的內心也激起並造成同樣的感情，特別是愛情，尤其是當愛情被表現得非常純潔、非常真摯的時候。由於它使天真的靈魂更顯天真，就更能打動人心。它那激情使我們的自愛心得到滿足，並由此立即形成一種願望，想要產生我們所看到的，表現得如此美好的那種同樣的效果。同時，我們根據在戲裡所看到的那種真摯的感情來塑造自己的良知，於是就消除了對純潔靈魂的擔憂，因為純潔的靈魂這樣想像著：以一種看來如此明智的愛情去戀愛，是絕不會有損自己純潔的。

所以，當我們走出戲院時，心中便充滿了愛情的美好與溫柔，靈魂和思想為戲中的天真所傾倒，以至於我們完全準備接受它們的最初印象，或者不如說準備找機會把它們在另一個人的心靈中重新喚起。這樣，我們就可能接受在戲中所見，表現得如此美好的同樣的快樂和同樣的犧牲。

人們愛看錯誤，愛看克萊奧布林的愛情，因為她並不知道自己的愛情。如果她沒有被騙，那就沒有趣味了。

（編按：克萊奧布林，傳說中古希臘科林斯的公主，深深愛著一個非科林斯血統的臣子米倫德，但她自己卻並不知道。）

當一篇很自然的文章描寫出一種感情或作用的時候，我們便在自己身上發現了讀到的那個真理。它本來就在那裡，只是我們不知道而已。我們往往因此而感動得要去熱愛那個使我們感受到它的人，因為他顯示給我們的並不是他自己的東西，而是我們自身的東西。正是這種恩寵，使我們覺得他可愛。此外，我們和他之間的那種心靈一致，也必然使我們衷心地去熱愛他。

沉思

心靈是敏感且易受影響的。一齣戲劇、一篇文章、一句話語等，都可能觸動它敏銳的神經。

心靈又是脆弱且易萎縮的。絕望、孤寂、空虛等，都可能蠶食它快樂的天性。

對於心靈，我們的建議是：在生活中多點微笑，少點煩惱；在工作中多點激情，少點埋怨；在愛情和婚姻中多點關愛，少點冷漠；在友情中多點坦誠，少點虛偽；在失敗中多點勇氣，少點懦弱……。

雜議語言

用對仗拼湊詞語的人，就像為了對稱而製作假窗戶的人，他們的規則不是要正確地講述，而是要擺出正確說話的樣子。

某些作家談到自己的作品時說「我的書」、「我的評注」、「我的歷史」等。他們像擁有一棟房子的中產階級，經常把「我的房子」掛在嘴邊。他們最好是說「我們的書」、「我們的評注」、「我們的歷史」等，因為這其中別人的東西通常比自己的多。

語言是密碼，這裡並不是把一篇文章變成另一篇文章，而是把一種文字變成另一種文字，進而一種為人所認識的語言就成為可意識的了。

文字的不同排列便有了不同的意義，而意義的不同排列便有了不同的效果。

說甜言蜜語的人，品行惡劣。

有些人說得好卻寫不好，因為特定的情境和特定的聽眾燃起了他們的激情，在其思想中引發了缺乏這種激情時所想不到的東西。

同一個意義隨著表達它的字詞而變化。意義從字詞中獲得它的尊嚴，而不是賦予字詞尊嚴。

我對這類客氣話總是感到不快：「我給您添了很多麻煩；我怕擾得您不安；我怕打擾得太久了。」我們要麼是引進，要麼是擾亂。（編按：我們要麼是把想像引進那個判斷，要麼就是相反地擾亂了那個判斷。）

「撲滅叛亂的火焰」——太雕琢。

「他那天才的激盪」——兩個太誇張的字眼。

「我的心深感不安」——本人深感不安更好一點。

「請原諒」——如果沒有這麼一句客氣話，我可能根本不知道有什麼事情出了錯。

「我想帶著敬仰之情說……」——唯一不好的就是他們的藉口。

我們在話語中發現了重複的字詞並試圖加以修改，卻發覺它們的使用很恰當，如果刪改就會損害這一段話語，這時我們就要住手。

某些人某種隱晦的語言，凡是聽不懂它的人，就只能理解一種莫名其妙的意義。

沉思

語言是人類溝通的橋梁，更是一門生存的藝術。一個不善言辭的人，很難有大的作為。

一位英文口語教育者告訴我們：「不要讓那些無聊的面子和自尊擾亂了你的成長，要瘋狂說出心中的話。只要你百分之百投入，忘我、忘物、忘時，排除一切雜念、克服膽怯、樹立信心，從此就敢說會說了。」

優雅和美麗的標準

優雅和美麗都有一定的標準，就在於我們的本性（無論它實際的情況是強是弱）與使我們愉悅的事物之間的特定關係之中。

根據這種標準形成的任何東西都會使我們愉悅，諸如房屋、歌曲、論文、詩歌、散文、女性、飛鳥、河流、樹木、服飾等。不是根據這種標準產生的任何東西，都會使有良好鑑賞力的人感到不快。

正如根據好的典型而產生的一首歌曲和一棟房屋之間存在著完美的關係，因為它們都類似於那個優秀的典型，雖然各有不同；同樣地，根據壞的典型而產生的事物之間也存在著一種完美的關係。並不是說因為壞的典型也是獨一無二的，因為壞的典型種類繁多。比如說一首蹩腳的十四行詩，無論是依據什麼樣的典型寫成的，都十足像是一個按照某種典型打扮出來的女人一樣。

最能使我們理解一首荒謬的十四行詩之可笑的，莫過於去思考自然與標準，並去想像依據此標準所打扮的一個女人或所建造的一棟房屋。

正如我們談詩歌之美一樣，我們也應該談論數學之美與醫學之美。然而，我們並不談論這一些，原因在於我們非常清楚地知道什麼是數學的對象，什麼是醫學的目標——數學在於證明，醫學在於治療。可是，我們並不知道作為詩歌目標的優雅在於什麼，我們不知道能夠效仿的自然典型是怎樣的，由於缺乏這些知識，我們就杜撰出一些稀奇古怪的名詞「黃金時代」、「我們時代的奇蹟」、「命中注定的」等，並把這些莫名其妙的詞稱為詩歌之美。

但是，無論誰要根據這種小題大做的典型來想像一個女人，他都會看到一位滿身珠光寶氣但極其可笑的美女。因為我們對一個女人迷人之處的了解要比對詩歌的了解多得多。然而，那些無知的人卻會讚賞她的這種打扮，而且在許多鄉村會把她當成女王。因此，我們就把按這種典型而寫成的十四行詩稱為「鄉村女王」。

沉思

優雅和美麗都有一定的標準，根據標準形成的東西會使我們愉悅；反之，則會令我們感到不快。

標準之於做人，應該是上學時老師經常為我們解說的榜樣。榜樣的作用是無窮的，我們每一個人都需要榜樣，以我們身邊優秀的人為鏡，我們便會不斷完善、不斷成長。

真誠的評判

如果一個人沒有亮出詩人或數學家的樣子，他就不會被人認為是詩人或數學家。然而，有教養的人根本不需要什麼標誌，也不需要在詩人的行業與刺繡者的行業之間加以區分。

有教養的人不會被稱為詩人或數學家或其他的什麼，但他們卻是這一群人，也是這一群人的評判者。誰也猜不出他們到底是什麼人。他們出現在公共場合的時候，談論著其他人所談論的事情。除非他們加以展示，否則我們無法看出他們有什麼品行。但我們總會記起他們的品行，因為這些人的特點就在於：當涉及的不是演講問題時，我們就說他們不是優秀的演說家；當涉及的正是演講問題時，我們就說他們是優秀的演說家。

所以，當一個人一走進來，人們就說他是一個睿智的詩人，這是一種虛偽的讚揚。而且當人們要評判某些詩，卻又不去請教他，那就是更加糟糕的情形了。

談起一個人的時候，我們不能說「他是一個數學家」，或者說「他是一位傳教士」，或者說「他善於雄辯」，但可以說「他是一位有教養的人」。只有這種一般性的品行才會讓我高興。看到一個人的時候，如果你只記得他的著作，那可是糟糕的跡象。在遇到並有機會使用它之前，我情願你看不到什麼品行，因為我擔心某種特別突出的品行會為此人貼上標籤。不要稱他為優秀的演說家，除非是談到演講術，只有這時我們才可以這樣認為。

沉思

T．S．艾略特（Thomas Stearns Eliot）說：「帕斯卡是一位注定要被人們一代一代研究的作家，改變的並不是他，而是我們。」

本文便是改變我們認識的例子。生活中，我們評判一個人，往往會先為其貼上一個標籤，而後說「他是一位詩人」、「他能言善辯」，帕斯卡指出，諸如此類的評判都是虛假的讚揚，因為除非他們展示，否則我們是無法看出他們有什麼樣的品行的。

帕斯卡無疑是正確的，如果我們都能多一些真誠而少一些虛假，我們的生活一定會更加幸福！

人沒有上帝是可悲的

人沒有上帝是可悲的！

不信仰者要嘲笑信仰者嗎？誰才應該被嘲笑呢？然而，後一種人並不嘲笑前一種人，而只是可憐他們。

不信仰者的希望就像是風中飄揚的絨毛，就像是被浪拍起的泡沫，就像是被風吹散的煙霧，就像是對往日客人的回憶。

從那些看到自己沒有信仰而陷於悲傷的人身上，我們看到上帝並沒有照亮他們。

一共有三種人，那些找到了上帝並為上帝服務的人；那些沒有找到上帝而一心要尋找上帝的人；其餘是那些沒有找到上帝，活著也不去尋找上帝的人。第一種人是有理性的、快樂的人，最後一種人是愚蠢的、不幸的人，兩者之間是既不幸福也沒有理性的人。

認識上帝與熱愛上帝相距甚遠。

大地沒有一樣東西不顯示人的可悲和上帝的仁慈，要麼是人沒有上帝是可悲的，要麼是人有了上帝的幸福。

沒有耶穌基督，世界將不復存在，因為要是那樣的話，世界要麼將會毀滅，要麼成為地獄。

沒有耶穌基督，人類就一定會處在邪惡和悲慘之中；有了耶穌基督，人類就能脫離邪惡和悲慘的境地。我們的一切德行和幸福全都在神那裡。離開了神，我們就只有惡了，只有可悲、愚昧、死亡和絕望。

《傳道書》指明，人類沒有上帝是完全無知的，而且不可避免地處在悲慘的境地裡。

人們鄙視宗教，他們仇恨宗教，他們害怕宗教是真的。要糾正這一點，首先就必須指明宗教絕不違反理智；指明它是可敬的，使人加以尊敬；然後使之可愛，使人希望它是真的；最後則指明它的確是真的。

可敬，是因為它充分了解人類；可愛，是因為它允諾了真正的美好。

上帝願意救贖人類，為那些尋求祂的人打開拯救之門。但人們卻使自己不值得一救，所以上帝由於某些人的頑固，便拒絕給予他們那些恩賜，這同情本來就不應屬於他們。如果上帝願意克服他們的頑固的話，祂只要向他們清楚地彰顯自己，叫他們無法懷疑祂本質的真實就可以了。就像世界末日會出現的那樣，伴隨著雷聲轟鳴、大地震動，死的人會復生，最盲目的人也會看到上帝。

上帝願意在祂的仁慈降臨之前顯現自己，但不是以這種方式，因為，既然這麼多人使得自己配不上祂的仁慈，那麼，上帝就願意讓他們損失那份他們並不想要的利益。因此，如果上帝明顯地以一種神聖的方式展露自身，並能讓所有人完全信服，那便是不合適的。但是，如果祂以如此隱蔽的方式出現，使得祂不能被那些真誠地尋求祂的人認識，也是不合適的；祂願意讓自己被那些人認識。因此，祂願意對那些全心全意尋找祂的人公開地顯現自己，而對那些全力逃避祂的人隱藏自己，祂就是在這樣調節人對祂的認識，使自己的標誌能為那些尋求祂的人見到，並讓不尋求祂的人看不見。祂給那些一心渴望見到祂的人足夠的光明，而給不想見到祂的人無邊的黑暗。

沉思

「人沒有上帝是可悲的」，這句話出自十七世紀大科學家、大思想家帕斯卡的筆下，且在他的代表作《思想錄》之中，而該書又被法國大文豪伏爾泰稱為「法國第一部散文傑作」。這就不能不令人深思：帕斯卡怎麼了，竟口出如此狂言，抑或真理？

帕斯卡的看法在許多現代人看來早已過時，他們不僅不覺得不信上帝有什麼可悲，反而倒覺得信上帝的人才是可悲的，名之為迷信、心靈空虛或缺少精神依託，心靈的這種狀態，不是可悲一語所能道盡。人是可悲的，最可悲的是人認識不到自己的可悲，反而以為自己偉大、高明。讀《思想錄》，帕斯卡能幫助我們從精神的噩夢中甦醒。

人缺少心靈

人們缺少心靈，他們不肯和心靈交朋友。

我們僅請教於耳朵，因為我們缺少心靈。

人們喜歡偽裝，喜歡謊言和虛假，無論是對自己還是對別人。他不願意別人向他說真話，他也避免向別人說真話。而所有這些如此之遠離正義與理智的品性，都在他的心底有著一種天然的根源。

我祈求的只不過是要認識自己的虛無而已。

人既不是天使，也不是禽獸；但不幸的是，想表現為天使的人卻表現為禽獸。

很少有人是在謙卑地談論謙卑的，很少有人是在貞潔地談論貞潔的，很少有人是在懷疑中談論懷疑的……我們在向自己隱瞞自己並矯飾自己。

使人常常看到他和禽獸是如何相似，而不是向他指明自己的偉大，那是危險的。使人常常看到自己的偉大而看不到自己的卑鄙，那也是危險的。若對這兩者都加以忽視，則更危險。然而，把這兩者都指明給他，那就非常有益了。

沉思

人們缺少心靈的表徵是什麼？

在帕斯卡看來，即人一不能認識上帝，二不能認識自己。其實，上帝並沒有什麼特別，祂只不過是人類的拯救者而已。而對於不信上帝的人而言，自己就應該是自己的上帝。

哲人說：「人的一隻手將自己拖入地獄，一隻手將自己送上天堂。」意思是說，人可以使自己成為魔鬼，也可以讓自己成為上帝。魔鬼能生出邪惡、懶惰、貪婪、嫉妒、失落……上帝能造出理想、誠實、愛心、堅強、快樂……魔鬼與上帝是一對不可調和的矛盾，但其距離並不遙遠，讓自己成為魔鬼還是上帝，全由你自己決定。

人必須自知

人必須自知。如果憑這一條法則找不到真理，至少可以作為生活的法則，而且沒有比這更好的人生法則了。

我們極少了解自己，許多人身體很好卻以為自己要死了，還有許多人快死了卻覺得自己一點事也沒有，根本沒有意識自己正在高燒，也沒有意識到正在形成的膿腫。

如果我們沒有察覺到自己充滿了傲慢、野心、欲念、軟弱、痛苦和不義，那麼，我們就真的是盲目的了。並且，如果知道我們是這樣的卻又不希望得救，那麼，我們又該說一個人什麼呢？

了解自己本性的人，只有他才明白自己的本性是可悲的。

如果生而不了解自己是什麼，那是一種出奇的盲目。

沉思

也許人生最大的難題，就是「認識你自己」。

生活中，有些人容易看到自己的優點和長處，而看不到自己的缺點和錯誤；有些人看到自己的許多問題，但卻看不到自己的主要問題；也有些人看到自己的弱點和不足，卻看不到自己的一點長處。可見人對自己的認知，也和自己對客觀世界的認知一樣，需要一個了解和學習的過程，並不像照鏡子那樣簡單。

伊比鳩魯說：「認識自己是拯救自己的第一步。」其實道理很簡單：倘若一個人尚未認知到自己的不足，他是不會有改正的想法的。

論人的狀況

人天生既輕信又多疑，既膽小又魯莽。

對人的描述：依賴性、獨立的願望、生活的需求。

人的狀況：變化無常、無聊、不安。

放棄我們所依附的追求時，我們都會感到無聊。一個人在家裡生活得很舒適，但如果他看到一個他所喜愛的女人，或者在他高高興興遊玩了五六天之後，這時他再回到原來的生活狀態，那他就會悲慘不堪。沒有什麼事情比這更常見的了。

人的本性在於運動；完全休息等於死亡。

人對自己不了解的東西，就要予以褻瀆。

焦躁不安——如果一個士兵或一個工人抱怨自己命苦，那就讓他什麼也不要做。

無聊——沒有任何事情比讓一個人什麼也不做更難受的了，他會沒有熱情，無所事事，沒有娛樂，也無所用心。他會感覺到自己的虛無，他的被遺棄，他的不足，他對別人的依賴，他的無能，他的空虛。他的靈魂深處立即會生出無聊、陰沉、悲哀、憂傷、煩躁、惱怒、絕望。

凱撒以征服世界為樂的時候，我想他的年紀已經太大了，這種樂趣對於奧古斯都或者亞歷山大才適合，因為他們都還是年輕人，因此不太容易壓制精力，而凱撒應該要表現得更加成熟。

讓我們想像有一大群人披枷帶鎖，都被判了死刑，他們之中天天有一些人在其餘人的眼前被處決，那些活下來的人就從他們同伴的狀況裡看到了自身的狀況，他們充滿悲痛而又毫無希望地面面相覷，都在等待著輪到自己。這就是人類狀況的縮影。

一個在牢獄裡的人不知道自己是否已經被判決，並且只有不到一小時的時間可以獲悉狀況了，但這一小時——假如他知道已經被判決的話——卻足以提出上訴；而如果這一小時並不用於探聽是否已經做出判決，而是用於打牌，那就是違反自然的了。

男人從來沒有學會如何當紳士，倒是把其他的一切都學會了。他們從不知道當紳士有多大的樂趣，倒是總因為其他的知識而自鳴得意。他們僅僅由於了解自己並不了解的一件事情而得意。

人只不過是一種天生充滿無法消除謬誤的主體，並無斯文可言。沒有任何東西讓他看到真理，一切都在騙他。真理的兩個來源，一是理性，一是感官，兩者除了沒有誠信可言之外，還彼此欺騙。感官以虛假的外表誤導理性，之後又從理性那裡得到自己給予理性的同樣欺騙。理性就此報了仇。靈魂的激情讓感官困惑，並在感官上形成虛假的印象。它們在虛假和欺騙上彼此爭鬥。

這些謬誤偶爾出現，而且是缺乏智力所致，除此之外，由於不同的官能有不同的本領……。

沉思

本文所描述之人的狀況是消極的，事實上，帕斯卡對人性無比失望，這也正是他之所以尊崇上帝的原因。

然而，帕斯卡提出了許多現代人應該認真思考的問題，對於那些疑慮重重，卻又有一點思想、有一點敏感去體會混亂無序、毫無意義的人生與苦難的神祕性的人，艾略特認為，除了帕斯卡之外，再也找不到第二個值得推薦的基督教作家。

帕斯卡對人生、命運的深刻思考，確實發人深省。

生活的感悟

當我們閱讀太快或太慢的時候，我們就會什麼也理解不了。酒喝得太少或太多的問題——完全不給他喝，他根本品不了真假；讓他喝得太多，結果還是一樣。

當激情引導我們去做某事的時候，我們忘卻了自己的職責。比如，我們喜歡一本書，並去閱讀這本書，然而，此時我們本應去做其他事情。為了提醒自己不忘記職責，我們必須為自己安排並不喜歡的任務。當激情引導我們去做另一件事情的時候，我們應該藉口還有其他事情要做，由此便牢記了自己的職責。

人有太多自由反而不好。想要的東西全都有了，並不是什麼好事。

你願意別人相信你的東西嗎？那你就不要喋喋不休。

了解一個人最大的喜好，我們就肯定能夠取悅於他。

我們必須讓自己的思想深藏不露，跟其他人一樣說話，但是，要透過自己的思想做出正確的判斷。

鑰匙的開啟性，鉤子的吸附性。

兩副相像的面孔，其中單獨的每一副都不會使人發笑，但擺在一起卻由於他們的相像而使人發笑。

人的弱點就是那麼多事物被認為是優秀的原因，比如笛子吹得好。那只是由於我們的弱點造成的。

痛苦引發絕望，狂傲誘發臆斷。

小事要當大事來做，做大事時亦當小事和輕便的事情來看。

有兩種錯誤：從字面上掌握一切，從精神上掌握一切。

只是由於疏遠了仁愛，我們才彼此疏遠。

沉思

莎士比亞說：「善於領悟人生的人，懂得如何思考和行動，能夠從碎屑的事物中發現閃光的契機。」

生活的意義，不在於我們走了多少崎嶇曲折的路，而在於我們從中領悟了多少哲理。

生活的感悟，是我們知識的累積與經驗的總結，在關鍵的時刻總有驚人的幫助。

人在自然中到底是什麼

我們天生的知識引導我們得出這樣的結論——人的比例失當。如果這一點不是真的，那人就沒有什麼真理可言；如果這一點是真的，那人將被迫不得不以各式各樣的方式低頭，進而發現有極大的理由應該謙卑。由於人活著就不可能不具備這樣的認識，我希望，在更深一步探索自然之前，先能認真而又輕鬆地考慮一下自然，並且能夠反省自身，明白這裡存在什麼樣的一種比例……。

因此，讓人思考自然完整和宏大的威儀，並使自己的眼光暫離身邊卑微的事物。

讓他看那壯麗的光芒，看那長明燈在那裡照亮宇宙的太陽。讓大地在他看來只是一個黑點，映襯著太陽刻劃出來的那個巨大的圓圈，讓他驚奇於這樣的事實，那巨大的圓圈本身也不過是一個小點，映襯著蒼天之上由恆星刻劃出來的周行不止的圓圈。然而，如果我們的視野在此受到了限制，那就讓我們的想像力超過它吧！想像力會耗盡構想的力量，其速度快過自然提供構想材料的速度。

整個可見的世界僅僅是自然博大胸懷裡一粒看不見的原子，沒有哪一種概念能夠接近它。我們也許能夠擴大自己的構想範圍，使其超過一切可想像的太空，但與事物的真實性比較起來，我們僅僅是在製造原子。那是一個無限的球體，其中央在任何一個地方，而其周邊卻不在任何一處。終於，想像力會在那樣的思想中自我迷失。

回到人自身，讓人考慮一下，與所有存在比較起來自己是什麼。讓人把自己看成是迷失在自然的一個偏僻角落裡的存在吧！並且讓他能從自己所居住的那個小小的巢穴裡，學著評估一下大地、王國、城鎮和他自身的真正價值何在。在無限宇宙之中，人到底是什麼？

為了讓人看到另外一個同樣驚人的奇觀，讓他探討一下他所認識的最細微的東西吧！

讓我們給他一個身軀微小，而各個部分還要更加微小的寄生蟲吧！牠那關節裡的肌肉，牠那肌肉裡的脈胳，牠那脈胳裡的血液，牠那血液裡的黏液，牠那黏液裡的液滴，牠那液滴裡的蒸氣。並且把這最後的東西再加以分割，讓他窮盡自己的構想力，並把他所能達到的最後的東西當做我們現在討論的對象。或許他會想，這就是自然中最微小的東西了吧。

但是，我會讓他明白，在最小的東西裡面還有一個新的深淵。我不僅僅會為他描述看得見的宇宙，而且還會為他描述這粒原子裡所包藏的、他能夠想像出來的龐大無邊的自然。讓他在裡面看到無限多的宇宙，每一個宇宙都有自己的蒼天，有它自己的行星，有它自己的地球，其比例與他在可見的宇宙裡看到的比例是同樣的。在每一個地球上也都有動物，也有寄生蟲，他將發現這些都和原來所看到的一樣，而且可以在這裡面無窮無盡地、永無休止地發現同樣的東西。讓他在接連不斷的驚奇中迷失自己，在物體小與大的驚奇中不知所措。

我們的身體不久之前還在宇宙裡找不到蹤影，而這個宇宙本身在整體的懷抱裡也不見蹤影，但它現在卻成為一個巨大的事物，一個世界，或者叫一個整體，相對於我們無法企及的虛無來說，這樣一個事實難道會有人不為之驚奇嗎？以這樣一種眼光看待自身的人，一定會害怕自己。看到自己被夾在無限與虛無這兩個深淵之間的自然給予自己的這個身體裡面，人會因為這些奇蹟而顫慄。我覺得，當人的好奇心變成讚嘆的時候，他會更傾向於在沉默中思考這些奇蹟，而不願帶著假定一一審視它們。

事實上，人在自然中到底是什麼？與無限比較起來是虛無，與虛無比較起來是無限，人是虛無與無限之間的一個中項。由於人無限遠離了理解極端的能力，事物的終止和開始就在無法穿透的祕密中隱藏在人所不知道的地方，一點希望都沒有。他同樣無法看到自己所誕生的虛無，也看不到自己被吞沒其中的無限。

那麼，除構想事物居中部分的外表以外，他還能做什麼呢？他處在永恆的絕望之中，看不到開始，也不見終點。一切事物從虛無中走出，又被帶到了無限之中。誰能跟得上這些奇蹟的進程呢？這一切奇蹟的創造者明白這一切，除此之外沒有誰能夠理解。

沉思

帕斯卡在本文中用其特有的兩極觀念入手的「帕斯卡方法」，考察了「人在自然中到底是什麼」的問題。表現了其對人類存在的極大關注。他哀嘆人類在廣闊的宇宙中，永遠漂移在兩個「無限」之間，無論是渺小到虛無，還是巨大到無限。在帕斯卡看來，人類本身及其命運終究是不可知的，只有相信上帝並將自己交給上帝，才能擁有真正的幸福。本文可以視為帕斯卡所言「人沒有上帝是可悲的」理論依據之一。

人的感官不能感受無限

人們不能深思這些無限，就貿然去探索自然，就好像他們與自然之間存在某種比例似的。奇怪的是，他們希望理解事物的開端，進而達到全面的認識，但卻根據一種有如他們的對象那樣的無盡臆測。因為毫無疑問，如果沒有臆測或是沒有和自然一樣無限的能力，這一計畫就不可能形成。

如果了解充分的話，我們就會明白，自然把它自己的影子以及它的創造者的形象印刻在了一切事物上，一切事物幾乎全部都帶有它那雙重的無限性。因此，我們看到，所有科學在其探索的範圍內是沒有止境的。我們懷疑，例如幾何學，難道它沒有無限的難題要解決嗎？作為它們前提的延伸率也是沒有邊際的，很明顯，作為終極提出來的那些東西，並不能夠自立，而是基於其他的內容，而其他的東西也依靠其他的東西來支撐，因此，不允許有終極存在。但是，我們把其中一些東西當作是終極的東西來看待的理由，跟我們看待有形物體時的理由是一樣的。凡超出我們的感官能夠感受到的範圍的東西，我們都稱為極微點，儘管根據其本質來說仍然是無限可分的。

在科學的這種雙重無限之中，無限大是最易察覺的，因此，有人會裝作明瞭所有的事物。德謨克利特（Democritus，西元前四六〇至前三七〇年，古希臘哲學家）就說過：「我要論述一切」。

然而，無限小卻不易察覺。哲學家經常聲稱，自己達到了無限小，正是在這上面，這些哲學家都曾犯過錯誤。這樣的錯誤使得像《第一原理》等常見的書名冒了出來，它們在事實上跟矇蔽我們的《全知論》一樣喜歡誇耀和賣弄。

我們很自然地相信自己更有可能到達事物的中心，而不太可能伸及其周邊。世界可見的範圍，一眼就可以看出遠在我們可以通達的能力之外，但是，由於我們大於小事物，因此，覺得自己更有可能了解它們。然而，達到虛無需要的能力，並不比達到全部需要的能力小，兩者都要求無限的能力，在我看來，理解存在的終極原理的任何人，一定也能夠得到關於無限的知識。一種取決於另一種，一種導向另一種。這些終極彼此彙集，由距離的力量聯結起來，並在上帝那裡找到彼此，也僅僅能夠在上帝那裡做到。

那麼，就讓我們認識自身的界限吧！我們是某種物體但並非所有一切。我們得以存在的事實剝奪了我們對於第一原理的認識，因為第一原理是從虛無之中誕生的；而我們存在的渺小又矇蔽了我們對無限的視野。

我們的身體在自然的領域裡占據一個位置，我們的智力在思想的世界裡也占據同樣的一個位置。

我們在各方面都是極其有限的，因而在我們能力的各個方面，都表現出這種在兩個極端之間處於中項的狀態。我們的感官不能感受無限：太大的聲音讓我們耳聾，太強烈的光線讓我們眼瞎，太遠或太近的距離讓我們視而不見，太長或太短的論述往往說不清楚任何事情，太多的真理讓人無法動彈，第一原理對我們來說自明性太明顯，太多的快樂讓我們覺得不快樂，太多的和弦讓人心煩；太多的恩惠讓我們不安，我們希望有資金償付債務；我們既不能感受極度的熱，也不能感受極度的冷；一切過度的品行都是我們的敵人，並且是不可能感覺的——我們不會有所感覺，否則只會深受其害；太年輕和太老都會阻礙思想，如同太多和太少的教育一樣。總之，極端對我們來說就如同它們不是極端一樣，我們並不在它們的注意之中。它們逃避我們的注意，我們也逃避它們的注意。

這就是我們的真實狀態，這就使我們無法掌握某些知識，也無法絕對無知。我們在一個遼闊的區域內航行，四處漂流不定，從一個終點走向另一個終點。當我們想到依附於某個點，並且固定下來的時候，那個點會波動起來，會離我們而去。如果我們跟隨它，它會從我們的掌握中逃走，從我們身邊滑過，永久地消失掉。虛無與我們在一起。這就是我們的自然條件，然而，卻與我們的偏好完全相反。我們燃燒著找到一個踏實的地面和一個終極的、有確切基礎的欲望，希望在上面建起一座高塔，直接通達無限。但是，我們的整個基礎破裂了，大地裂為深淵。

因此，我們就不要尋找確定性和穩定性了。我們的理性總是受到變幻無常的表象所欺騙，沒有任何東西能夠固定兩個無限之間的有限。

沉思

帕斯卡提出了對理性的懷疑，這也正是千百年來基督教的信仰與理性之爭從未有過停息的根本原因。

在帕斯卡看來，對於人生與自然界的黑暗，理性緩慢、不可靠而且盲目的探索，並不能給予人類以真正貼切、確信的指導。理性恰似一個永遠也無法注滿美酒的杯子。

事實上，人類理性要面臨的挑戰的確未有窮盡之時。在此，我們並不想確定什麼，只是指出，帕斯卡拋棄理性走向神學的根本原因是——理性本身有未解的謎團。

人兩種相反的品性

我想我們就應該保持安定，安定在大自然所安排給我們的那種狀態之中。由於注定降臨到我們頭上的這個空間總是遠離兩個極端，所以，我們多了解一點宇宙的知識又有什麼用處呢？就算多了解一些，也只會長進一點點。我們不總是無限遠離終極嗎？即使多活十年，我們的生命不是同樣遠離永恆嗎？

與這些無限比較起來，所有的有限都是相同的，我找不出任何理由要把我們的想像力放在某一個有限上而不是放在另一個有限上。僅僅以我們自身來和有限做比較，就足以使我們痛苦了。

如果人把自己列為研究的第一對象，他會發現自己是多麼難以向前推進。部分又怎麼能認識整體呢？但他也許渴望至少能認識與他有著比例關係的那些部分吧。然而，世界的各個部分都是彼此相關、互相聯繫的，所以，我相信不了解其他部分和整體，就不可能認識某一部分。

例如，人跟他認識的所有事物連結著。他需要一個住的地方，他需要有生活時間，他需要有動作才能生活，需要一些元素構成自身，需要熱量和食物給予他營養，需要空氣來呼吸。他看見光，他感覺到物體。總之，他與一切保持著彼此依靠的連結。因此，要了解人，就必須要知道他為什麼需要空氣才能生存，而要了解空氣，我們就必須知道空氣為什麼會跟人的生活連結在一起。火焰沒有空氣就不能存在，因此，要理解一種，就必須理解另一種。

因為萬事萬物既是因又是果，既有所依賴又有所支持，既是遠親又是近鄰，一切都由一條天然的卻又是不可察覺的紐帶連接起來，這條紐帶可以使極其遙遠的和極其不同的事物發生連結，所以，我認為不了解整體就無法認識部分，同樣地，不詳盡地認識部分就無法了解整體。

事物的永恆，也一定會使我們短暫的生命驚訝不已。大自然恆定不變的穩定性，和我們自身經久不息的變化比起來，一定有著同樣的效果。

造成我們無法認識事物的原因就在於，事物是單一的，而我們卻是由兩種相反的、種類不同的本性構成的，即靈魂與肉體。我們的理性部分不可能不同於精神的部分，如果有人堅持認為我們僅僅是肉體的，這就更加排斥了我們對事物的認知，沒有什麼比說物質能認識自己更不可思議的了，無法想像物質如何能認識它自己。

因此，如果我們只是簡單的物質性的東西，那我們什麼都了解不了。如果我們是由思想和物質構成的，那我們就無法完整地理解僅僅是簡單構成的事物，無論那是精神的事物還是物質的事物。因此就有了這樣的結論：幾乎所有哲學家都在事物的概念上混淆不清，他們用精神的用語談到物質的事物，用物質的事物談起精神的事物。他們大膽地說，物體有下落的傾向，物體要尋找自己的中心，物體從毀滅中飛升，物體害怕虛空，物體有自己的嗜好、同情、憎惡，所有這些特徵都是只適合於思想的。而在談到思想的時候，他們認為思想會在某個地方，認為思想能夠從一個地方移動到另一個地方，而這些性質又只適合於物體。

我們不去接受這些事物的純粹理念，我們去用自己的品性來渲染它們，而且為我們所思索著的一切單純事物銘刻上自己的複雜思想。

我們把一切事物都視為是精神與肉體的結合，人人都認為這種結合對我們是非常容易理解的。然而，這恰是我們理解最少的地方。對人類而言，其自身便是自然界中最奇妙的對象，因為人無法理解肉體是什麼，更無法理解精神是什麼，最無法理解的是肉體如何竟與精神結合在一起了。這是人最大的困難，也是他生存的本質。

沉思

對於我們來說，如何讀《思想錄》呢？我們的建議是，不妨就把它當作閒書來讀。換言之，閱讀的心態與方式都應該是輕鬆的。千萬不要端起做學問的架子，刻意求解。讀不懂不要硬讀，先讀那些讀得懂的、能夠引起我們興趣的文章。

本文便是《思想錄》中極具趣味的文章之一。帕斯卡依舊對人做出思考，指出「精神」和「肉體」是人兩種相反的品性。精神與肉體結合的方式無法被人理解，而這種結合就是人。

跛腳的精神

一個跛腳的人並不會讓我們生氣，而一個傻子卻會，這是什麼原因呢？因為一個跛腳的人承認我們能挺直身體走路，而一個傻子卻說只有我們這些人才是傻子，若不是如此，我們就會產生惋惜之情而不會是感到憤怒了。

古希臘哲學家愛比克泰德（Epictetus）強而有力地問道：「別人告訴我們說我們頭痛，我們並不生氣，別人告訴我們說我們推理有錯誤，或者選擇有錯誤，我們反倒十分生氣，這是為什麼呢？」原因在於，我們非常清楚自己有沒有頭痛，或是不是跛腳，卻並不十分肯定自己是不是做出了正確的選擇。因此，僅僅有一種確信，認為自己是用完好的視力在觀察事物是不行的，當另一個也有完好視力的人看出相反事物的時候，我們就會舉棋不定，就會感到驚訝，尤其是當有眾多的人都嘲笑我們的選擇時。我們要偏向於自己的眼光，而不相信別的許多人的眼光，這麼做是大膽的，也是困難的。但對於一個跛腳的人的感覺，卻永遠都不會有這種矛盾。

沉思

做人要有自己的主見，不要人云亦云。

如果總是因他人的意志而改變，一味地遷就他人，就很容易將他人的正確和錯誤照單全收。

當然，所謂主見，要經過合理的分析，而且一旦發現自己錯了，就應該立即改正。

論想像力

想像力——這是人身上最具欺騙性的部分，是謬誤與虛假的主人，因為它並不總是在欺騙人，所以更具欺騙性。如果它是謬誤永不出錯的標準，那麼，它也是真理永不出錯的標準。但由於大部分情況下它都是虛妄的，因此看不出任何可以顯示其本性的跡象，它在真與假上都留下了同樣的印跡。

在此並不是說愚蠢的人，而是指最聰明的人。正是在最聰明的人中，想像力才有這麼大的說服力。儘管理智在抗議，卻無法為事物確立真正的價值。

這種高傲的力量，這位理性的大敵，它喜歡駕馭理性並統治理性；它為了顯示自己無所不能的力量，就為人類建立了一種第二天性。它讓人幸福或悲傷，健康或生病，富有或貧窮；它迫使人信仰、懷疑或否認理性；它讓感官遲鈍，或讓感官靈敏；它有自己的愚蠢或明智。而最讓人氣惱的，莫過於看到它在自己的忠實信徒心中，充滿遠比理性所能提供的更完美而徹底的心滿意足。那些有生動想像力的人，他們滿足於自身的程度遠遠超出聰明人在合理範圍內對自己的滿足。他們趾高氣揚，看不起人，他們爭論的時候膽大、底氣足，而別人卻左顧右盼、猶豫不決。這樣快樂的神情往往會在聽眾的觀點上形成優勢，在性情相投的評判者那裡，這種想像中的聰明人會得到極多好處。想像力不會使愚人聰明，但可以讓他們快樂，這讓理性羨慕不已，理性只會為它的朋友帶來悲傷、痛苦。想像力使人得到榮耀，而理性則使人蒙受羞恥。

除了這種想像力之外，還有什麼能帶來榮譽？還有什麼將尊重和敬仰賦予人、作品、法律和其他偉大的事物呢？沒有它的贊同，世界上所有的財富都會顯得微不足道！

這位德高望重的行政長官值得全體人民尊敬，你能說他不是受到一種純粹和高尚理性的主宰嗎？你能說他不是依據事物的性質來進行判斷，而並不看重那些只會感染弱者想像力的瑣事嗎？你看他充滿虔誠的熱情去聽布道，以熾熱的愛強化了理性，帶著一種堪稱典範的敬意。假設布道者出場了，假設他天生一副嘶啞的嗓子或一副可笑的面容，或者假設他的理髮師給他修出很怪的鬍鬚，假設他碰巧穿得比平時更髒亂。之後，無論他所說的真理多麼偉大，我敢打賭我們的元老一定會喪失自己的莊嚴。

如果世界上最偉大的哲學家發現自己站在比腳略寬的、懸在峭壁上的一塊木板上，儘管理智會說服他自己是安全的，但他的想像力會占優勢。許多人想起這個情景就會一身冷汗。

人人都知道，看見老鼠或貓，或者看見踩碎了的煤塊，人的理智就會動搖。說話的語調會使最聰明的人受到影響，可以改變一段話或一首詩的力量。

愛或恨改變公正的外觀，得到一大筆訴訟費的辯護律師，他對自己事業的公正性有了增加了多少的信心啊！他無畏的姿態使他的案子在被表象欺騙的法官那裡占有怎樣的優勢啊！理性何等可笑，任何方向吹來的一陣微風都可以使其翻倒！

那些在想像力的攻擊下毫不動搖的人，我應該列舉他們的每一個行動。由於理性被迫讓步，那些最聰明的理性將想像力到處輕率散布的原則當做自己的原則。只遵循理性的人，會被大多數人視為迂腐。我們必須根據大多數人的意見做出判斷。

我們的長官早就知道這麼一個神祕現象了，他們的紅袍，他們把自己像貓一樣包裹起來的貂皮袍，他們執行公正的法庭，那些百合花的旗幟，所有這些威嚴的外貌都是必要的，如果醫生沒有自己的外套和騾子，如果博士沒有方帽和四倍肥大的博士袍，那他們永遠也無法愚弄世人，而世人就是無法抵擋如此有創意的一種外表。如果行政官員們有真正的公正可言，如果醫生果真有救死扶傷的本領，那他們就沒有戴方帽的必要了，這些科學本身的威嚴就足夠讓人尊敬了。但是，因為只有想像出來的知識，他們就必須利用這些愚蠢可笑的道具來激發想像力，他們就是依靠這種想像力來處理事務的。因此，從事實上而言，它們就激發起了人的尊敬之情，只有軍人不以這種方式來偽裝自己，因為事實上他們的那種角色是最本質性的，他們憑藉武力來證實自己，而其他人卻要靠表演。

因此，國王並不需要偽裝，他們並不用出眾的服裝來掩飾自己才像個國王，但他們身邊有衛兵和戟兵簇擁著。那些以拳腳和武力專門為國王服務的全副武裝的紅臉木偶們，那些在前面開道的鼓號，還有那些圍在四周的隨員，這些足以讓最勇敢的人也害怕得瑟瑟發抖。他們不僅僅靠外表，他們還有強權。土耳其大公住在豪華的宮殿裡，身邊簇擁著四萬親兵，要把這樣的人也看作凡人，那是需要相當精細的理性。

看見一位辯護律師身著律師袍、頭戴律師帽，我們不禁會在心裡對他的能力形成有利於他的意見。想像可以解決一切問題，它製造美麗、公正和幸福，而這些就是世界上的一切了。我很想看一部義大利的著作，這部著作我只知道名稱：《論意見，世上的女王》。我不了解這部書就讚揚它，除了它的缺陷之外——如果有的話，這在很大程度上就是想像力的欺騙能力的效果，這種能力好像專門贈與我們，好把我們引入必然的錯誤。

想像力，把小的東西放大，好讓我們的靈魂充滿奇異的判斷。而在性急的傲慢中，它又讓龐大無邊的東西縮小到自己能夠理解的尺寸。

我們最為看重的事情，比如隱藏自己那一丁點財物，往往都是微不足道的小事，但我們的想像力卻會把芝麻小事放大成高山一樣的大事。想像力再轉動一圈，我們就會輕鬆地發現這個現象。

我的想像力使我不喜歡悲觀者，也不喜歡進食喘氣的人。想像力有極大意義。我們是否應該利用想像力？因為想像力是自然的，我們就該屈服於它嗎？不，但是，如果抵制它……。

人類經常拿自己的想像力當自己的心，他們認為，一旦自己覺得已經皈依了，那就是真的皈依了。

沉思

對於想像力，我們還想探討其一種特別的、極其重要的形式——空想。生活中有大量的詞彙來形容空想：想入非非、胡思亂想、想當然……。

人們對空想總是持一種鄙夷的、不屑的看法，但實際上每個人，從童年到老年，誰也擺脫不了空想的糾纏。

空想是人類的天性，它最大的優點在於能帶來暫時的心理上的滿足。毫無疑問，成功是誘人的，即使是空想中的成功也是引人入勝的。但在空想中是無法獲得真正成功的。

對於空想，我們的建議是：正視現實；正確地與他人進行比較；當空想無法抑制時，就去努力實現它。

謬誤的來源

不僅僅舊有的印象會誤導我們，新奇的事物也有同樣的魔力。這就引起人們各式各樣的爭論，人們彼此攻擊，要麼是因為緊抱著兒童時期的錯誤印象不放，要麼是急忙追求新奇事物所致。誰掌握著正確的方法呢？讓他出現並加以證明吧。從兒時起就再自然不過的原則，無一不被我們看成是一種教育上或感官上的錯誤印象。

「如果盒子裡面什麼也沒有，」有人說，「你們從兒時起就相信這個盒子是空的，你們相信存在虛空的可能性。這是你們感官的錯覺，又由習俗予以強化，而科學卻必須要糾正習俗。」又有人說：「因為你們在學校裡接受的教育說沒有虛空，你們就把本來能夠清楚地理解它的常識顛倒了，你們必須回到最初的狀態才能糾正這樣的錯誤。」到底是什麼欺騙了你們，感官還是教育？

疾病也會成為我們的謬誤來源，疾病會破壞判斷力和感覺能力。如果嚴重的疾病產生感覺上的變化，那我並不會懷疑較輕的疾病也會產生相應的變化。

我們自己的利益也會成為以巧妙的方式矇蔽我們雙眼的驚人工具，世界上最公正的人也不許成為涉及他自己案件的判官。我認識一些人，為了不使自己落入自愛的陷阱，竟然出於相反的理由而成為最不公正的人。要使本來有理的一場官司輸掉，最確切的辦法是透過法官的近親把案子推薦給法官。

公正和真理就是看不太清楚的兩個點，我們的工具太粗鈍，無法準確地觸及它們。就算觸及了，要麼是壓碎它，要麼是依靠別的許多東西，更多的是依靠錯誤而非真理。

人是如此的幸運，他從真理中得不到什麼好處，弄虛作假倒是好處多多。然而，人最大的謬誤來源在於感覺和理性之間的鬥爭。

沉思

謬誤的來源很多：想像力能夠製造美麗、公正和幸福；舊有的印象會誤導我們，新奇的事物也有同樣的魔力；疾病會成為謬誤的來源，哪怕是較輕的疾病；我們的利益也會巧妙地矇蔽我們的雙眼……。正是由於上述原因，帕斯卡奚落道：「人是如此的幸運，他從真理中得不到什麼好處，弄虛作假倒是好處多多。」在帕斯卡看來，感覺與理性之間的鬥爭，是謬誤的最大來源。

習慣的力量

習慣是我們的天性。習慣於某種信仰的人就會相信這種信仰，不再懼怕地獄，也不會再相信其他任何東西。如果他習慣於相信國王是可怕的……因而誰還會懷疑，我們的心靈習慣於看到數字、空間、運動，所以，就會相信這些而不是其他任何東西。

當我們看到一種效果總是重複出現時，我們就推斷說其中有一種自然的必然性，就如同肯定會有明天一樣。

看見塗上黑色的臉就害怕的，那是兒童。然而，兒童時代膽子如此小的人，長大之後怎樣才能變得十分堅強呢？我們只不過是在改變著幻想而已。凡是由於進步而完美化的東西，也可以由於進步而消滅。曾經軟弱的一切，永遠也不可能變得絕對堅強。我們說：「他長大了，他變了。」這些都是空話，他還是原來的那個人。

我們天賦的原則如果不是習慣的原則又是什麼呢？在兒童那裡，天賦的原則就是他們從父母那裡所得到的習慣，如同動物天生知道獵食一樣。

不同的習慣將會賦予我們不同天賦的原則，這可以從經驗中看出來。如果說有些天賦的原則因為習慣而變得根深蒂固，那麼，也有一些習慣是與天賦相對的，因為天賦而根深蒂固，或者因為第二習慣。這取決於不同的性情。

父母害怕孩子們天賦的愛會消逝，可是那種可以消逝的天性又是什麼呢？習慣就是第二天性，它摧毀了第一天性。然而天性又是什麼呢？為什麼習慣就不是天然的呢？我倒非常擔心那種天性其本身也只不過是第一習慣而已，正如習慣就是第二天性一樣。

如果我們習慣於利用錯誤的理由證明自然的效果，發現正確的理由時我們就會不願意接受它們。

人生最重要的事情就是職業的選擇，機會決定了這樣的選擇。習慣使人成為泥水匠、軍人、瓦工。有人說：「他是一位優秀的泥水匠。」而談到軍人的時候則說：「他們是十足的傻瓜。」然而，另一些人則正好相反：「沒有什麼比戰爭更偉大的事了；其他人都是廢物。」

我們選擇自己的職業，根據的是小時候聽到人們稱讚或貶低的話，因為我們天生就愛真理而不喜歡愚笨。這些話打動了我們，我們只是在實踐上犯了錯誤。習慣的力量如此強大，人類的一切境況都是從僅僅將他們造就為某種人的那些人當中形成的。有些地方泥水匠多，另一些地方多出軍人。毫無疑問，天性絕不會是如此整齊劃一的。因此，是習慣造就這一切的，因為習慣束縛了天性。但有時候，天性取得優勢地位，保存住了人的本能，而不是或好或壞的所有習慣。

導致謬誤的偏見——所有人都僅僅在方法上深思熟慮而不在乎目的，看起來真是讓人覺得可悲。每個人都認為在自己那種條件下已經盡了全力，至於條件的選擇，或者地點的選擇，那便只好聽憑命運安排給我們。

那麼多土耳其人、異教徒和無信仰者都在步著他們父輩的後塵，唯一的理由就在於他們帶著偏見深信，那是最好的一條路。這就為每個人確定了他的境況：鎖匠、軍人……。

沉思

壞習慣就像是我們行駛在歲月之海上理想之輪裡的老鼠，早晚有一天會把船底啃穿，使其在不知不覺中沉沒；而好習慣則是高懸在理想之輪上的風帆，有了這風帆，來風便成為推動我們前進的動力，從而把我們送到渴望到達的港灣。

你反覆的行為便形成了習慣，而習慣又反過來塑造你獨特的自我。正如一位哲人所說：「種下一種行為，收獲一種習慣；種下一種習慣，收獲一種個性，種下一種個性，收獲一種命運。」

論自愛

自愛與人類的自我，其本性都是只愛自己，並且只為自己考慮。然而，人又能做什麼呢？人無法阻止他所愛的這個對象不充滿錯誤和可悲：他希望自己偉大，卻發現自己很渺小；他希望自己完美，卻發現自己缺陷很多；他希望在人群中成為被愛慕和尊重的對象，卻發現自己的缺點只能被人厭惡和鄙視。他發現自己就處在這樣的尷尬境地，結果在他心中喚起能夠想像到的最不正當、最邪惡的激情，因為對於譴責自己並向他肯定了自己缺陷的那個真理，他懷有一種你死我活的仇恨。他想消滅這個真理，但是，由於無法從根本上將之毀滅，他就盡可能地破壞自己與別人知識中的真理。這就是說，他集中自己全部的注意力用來隱藏缺陷，讓別人和自己都看不到缺陷，他無法忍受別人指出自己的缺陷，也無法忍受別人看到自己的缺陷。

毫無疑問地，充滿缺陷不好，但是，充滿缺陷卻又不肯承認缺陷，那就更不好了，因為這等於加上了自願錯誤的另一個缺陷。我們不喜歡別人欺騙我們。別人若想得到我們過多的尊重，我們就認為這是不公平的。因此，如果我們欺騙他們，並希望他們給予我們過多的尊重，這也是不公平的。

所以，如果他們僅僅看到我們身上的確存在的缺陷和過錯，很明顯他們並沒有損害我們，因為造成缺陷和過錯的並不是他們。他們反倒是為了我們好，因為他們幫助我們從不幸中——從對那些缺陷的無知中——解脫出來。如果他們知道我們的缺陷，因而鄙視我們，我們不應該為此生氣。他們依照我們實際的樣子了解我們，如果我們是值得鄙視的，他們也因此而鄙視我們，這些都是正當的。

這就是一顆充滿公平與正義的心所應產生的情操。但是，當我們看到自己的心中有著一種迥然相反的傾向時，我們又該對自己的心說些什麼呢？我們仇恨真理，不喜歡把真理告訴我們的人，我們希望那些人受到欺騙從而有利於我們自己，喜歡作為我們事實上並不是的一種人而受到別人的尊重，難道不是這樣的嗎？

在某種程度上而言，發生在所有人身上才算是公正的事情，被施加於某一個人身上，這就會讓人覺得不滿，人心是多麼不公正、不講理啊！難道我們欺騙別人才是正當的嗎？

這種對真理的厭惡有程度上的不同，但也許可以說所有人或多或少都有這種厭惡，因為它與自愛是不可分割的。正是這種虛假的敏感，促使出於必要而責備他人的一些人選擇那麼多的彎路和折衷方案以避免受到攻擊。他們必須要減輕我們的缺陷，看上去原諒了我們的缺陷，中間還夾雜著讚揚和愛護及尊重的證據。儘管是這樣，治療自愛的良藥還是苦口的。自愛總是盡量少吃藥，並且心懷厭惡，經常對那些開藥方的人暗含恨意。

因此，就出現了這樣的情形：如果人們有意得到我們的愛，他們就會避免向我們做出一件他們明知會讓我們不開心的事情；他們會按照我們願意的方式對待我們；我們不喜歡真相，他們就把真相隱藏起來，不讓我們看見；我們喜歡奉承，他們就說一大堆讚美的話；我們願意受騙，他們就欺騙我們。

這就一步步使得這個世界上可以讓我們不斷進步的機會離真理越來越遠，因為我們最害怕傷害這樣一些人：他們對我們的愛極其有益，而他們對我們的憎惡則極其危險。一個君王或許是全歐洲的笑料，但他自己卻毫不知情。對此我一點也不感到驚訝。講真話對聽的人是有益的，但對講的人卻是不利的，因為這會使他成為不受歡迎的人。因為，那些伴隨君王的人熱愛自己的利益而勝過君王的利益，所以，他們謹慎地保全自己而不會為君王牟取利益。

這樣的罪過無疑在上層社會裡更有危害、更為常見，但下層社會也不可能避免，因為使人愛護我們總是有某種益處的。因此，人的生活僅僅是永恆的一個錯覺。人類彼此欺騙，彼此奉承。沒有人當著我們的面說出他們背後所說的話。人類社會就建立在雙重的欺騙上。如果每個人都知道自己的朋友背後所說的話，那就沒有什麼友誼能夠長久了，既使他講得真誠、沒有任何感情色彩。

因此，人類無論對自己還是對別人，都不過是掩飾、欺騙和虛偽而已。他不願意任何人向他吐露真言，也避免向別人講真話。而所有這些如此之遠離正義與理智的品性，都在他的心中有著一種天生的根源。

沉思

俄國傑出的哲學家、思想家、作家赫爾岑（Alexander Herzen）曾經說過：「抱著一顆正直的心，專心致志於事業的人，他一定會完成許多的事業。」

做人難，難就難在凡事認真。

一個真實、真誠、真心的人，彷彿一潭池水清澈見底；又如冬日瑞雪，光潔如玉。集真於一身的人，不但自己帶頭說真話，辨真事，抒真情，而且敢聆聽真話，扶持真事，諒解真情。聆聽真話時，耳朵要聰敏；扶持真事時，眼睛要明亮；諒解真情時，心地要純正。用聰敏的耳朵聆聽真話，假話就無法將水攪混；用明亮的眼睛扶持真事，虛事就無法欺騙人心；用純正的心地諒解真情，偽情就無法投機取巧。說真話、辦真事、抒真情，這是帕斯卡所絕對贊成的。

來自別人的惡習

有些惡習只是由於別人的緣故才盤踞在我們身上，這些惡習跟樹枝一樣，樹幹一倒，樹枝也會跟著倒下。

亞歷山大純潔的榜樣造就出來的自我克制者，遠不如他酗酒的榜樣造就出來的放縱者多。品德不如他高尚似乎並不是什麼羞恥之事，沒有他那麼墮落看來也是情有可原的。當我們看到自己也陷於這些偉大人物的罪惡時，我們就不相信自己跟粗俗者一樣品行不端，然而，我們並沒有注意到，偉大的人物在這方面也是普通人。我們跟偉人扯上關係的方式，跟偉人與粗俗者扯上關係的方式是一樣的，無論受到多高的讚揚，他們總還是在某個地方跟低俗的人聯結在一起。他們並不能懸浮在空中，並不能跟我們的社會完全脫離。

如果他們比我們偉大，那是因為他們的頭抬得更高些，但他們的腳還是跟我們的腳一樣低。腳都踩在同一個水平面上，都踏在同一塊大地上。根據這一點而言，他們與我們一樣是凡夫俗子，是一個普通人。

沉思

偉人的確值得我們學習，因為他們一定有不平凡的地方，他們的品行、他們的性情、他們的意志、他們的智慧……。

然而，我們也不能被偉人頭上的光環所矇蔽，偉人也是凡人，他們也有缺點和毛病。

「取人之長，補已之短」，這才是最正確的學習方法，向偉人學習也不例外。

判斷的可靠性

將一件事情交給別人去判斷，同時又不透過我們提交此事的方式使那個人的判斷產生偏差，那是多麼困難的一件事情啊！

如果我們說：「我認為它沒有錯」、「我覺得這東西很難懂」，或者諸如此類的話，那麼，我們要麼是把想像帶進了那個意見中，要麼反過來刺激了那個觀點。最好是什麼也不說，讓那人根據實際情況進行判斷，也就是說，根據事情當時的樣子和並非由我們呈現在他面前的情形進行評判。

我們至少不要增添任何東西，除非沉默也能產生某種作用，比如根據另外那個人往往會有的思考和解釋，或者因為他從姿勢或臉色中甚至是聲音透露出來的語氣中而猜測出意思來。

總之，要想一點也不影響判斷的中立地位是多麼困難啊！或者不如說，判斷多麼難以真實可靠啊！

沉思

生活中，工作中，我們經常會為了某件事去徵求別人的意見，在徵求意見的時候，我們往往會先說出自己的想法，美其名曰「參考」，孰不知，這樣做並不正確，我們的意見往往使對方難以就實際情況進行判斷。

正確的做法是，什麼也別說。我們的目的在於「參考」別人的意見，讓別人根據自己的想法提出意見，這才是最重要的。

論變化無常

天氣與我的情緒沒有任何關係。我的內心有陰天，也有晴天。我的發達或不幸都與天氣無關。有時候我跟運氣搏鬥，這種把握運氣的榮譽使我更起勁地要去掌握它；反之，有時候好運連連反倒使我心煩意亂。

儘管人們也許對自己所說的話並不感興趣，但我們絕不能因此就妄下結論，認為他們不可能是在說謊；要知道，有些人就是為了說謊而說謊的。

變化無常——我們在觸及人的時候，自以為是在觸及一架普通的風琴。人像風琴這沒錯，但是人奇怪、易變化、不穩定（他那音管並不是按照連續的音階排列）。那些只懂得彈奏普通風琴的人，不會在這樣的風琴上彈奏出和弦，因為我們必須懂得琴鍵在哪裡。

變化無常——事物有各種不同的性質，靈魂有各種不同的傾向；呈現在靈魂面前的任何東西都不會是單純的，而靈魂也從不單純地把自己呈現於任何主體之前。因此，就出現了我們會對同一件事又哭又笑的情景。

變化無常與奇怪的事——僅僅依靠自己的勞動而生活和統治世界最強大的國家，這是兩件極其相反的事，兩者卻結合在土耳其君主蘇丹的身上。

多樣性是如此之繁多，正有如各式各樣的音調，各式各樣的步伐、咳嗽、擤鼻涕、打呼嚕一樣。不同的果實區分不同種類的葡萄，其中有玫瑰香葡萄，還有康德呂葡萄，還有德札爾格葡萄，又有各種接枝，這已經是一切了嗎？一個枝上從沒有結過兩串葡萄嗎？一串葡萄就沒有結過兩粒完全一樣的葡萄嗎？等等。

我們永遠不可能以完全一樣的方式來判斷同一個事物。

多樣性——神學是一門科學，然而，它同時又是多少門科學啊！一個人是一個整體，但如果我們加以解剖，他會不會就是頭、心、胃、血管、每一根血管，每一根血管的一小段、血液、血液的每一滴呢？

一座城市、一片郊野，遠看就是一座城市和一片郊野。但是，當我們走近的時候，會發現有房屋、樹木、磚瓦、樹葉、小草、螞蟻、螞蟻的腳，以至於無窮。這一切，都包羅在郊野這個名稱裡。

思想——一切都是一，一切又各不相同。人的天性究竟有多少種？有多少種行業？人們通常選擇他自己聽到別人所稱讚的行業，這又是出於多麼偶然啊！

自然會模仿自身，撒在肥沃土地上的種子會結出果實，一個原則如果灌輸到靈敏的思想裡，也會結出碩果來。

一切都是同一個主宰所造就和指導的，根莖、枝葉、果實都是如此。原則和結果也一樣。

自然總是再次開始同樣的事情，年復一年，日復一日，一個時辰又一個時辰。同樣地，空間和數字也是自始至終彼此相連的。一種無限與永恆就是這麼造就的。並不是說這一切當中有什麼東西是無限與永恆的，而是說這些有限的現實可以無限多地複製。因此，我認為僅僅是使它們重複的那個數字才是無限的。

時間能夠治癒憂傷、彌平爭執，因為我們總在變化，我們已經不是原來的那個樣子了。冒犯與被冒犯的人都已經不是原來那個樣子了。這就好像我們觸犯了一個民族，但兩代人之後再來看，他們仍然是那個民族的人，但已經不是同樣的一些人了。

他不再愛十年前他所愛的那個人了，我完全相信：她已不再是原來的那個樣子了，他也不是：他當時很年輕，她也是，她現在完全不同了，而她如果還是原來的那個樣子，也許他還會愛她。

我們不僅僅從不同的方面看待事物，而且還以不同的眼光看待事物，我們並不是有意去發現它們的相似。

沉思

變化無常——古人云：「得而不喜，失而不憂；知分之無常也。」意思是說，得到了不必狂歡狂喜，失去了也不必耿耿於懷、憂愁悲苦。這裡面有一個哲理，即得與失的緣分是變化無常的。

得而失之，失而復得，是經常發生的事情，意識到一切都可能因時空轉換而發生變化，就應該把一切都看淡、看開，做到凡事順其自然。

人不甘寂寞

我有時候認真考慮人們不同的煩心事，考慮人們將自己置於法庭上或戰爭中，那種種爭吵、激情、大膽而又惡劣的冒險所帶來的痛苦和危險，此時我發現，所有這些不幸都來自這樣一個事實：他們無法安安靜靜地待在自己的房間裡。一個生活富足的人，如果他懂得快快樂樂地待在家裡，他就不會背井離鄉、遠渡重洋或攻城伐地了。如果不是因為他覺得待在城裡一動也不動難以忍受，他就不會購買一個如此昂貴的軍職了；因為不能快快樂樂地待在家裡，他就只能去尋求交際和娛樂消遣了。

然而，當我進行進一步的思考，發現我們一切不幸的根源後，我還想找出其中的原因，我發現一個非常實際的原因，即我們人類非常脆弱和終有一死的那種狀況是如此地令人悲傷，以至於當我們仔細地想到它時，竟沒有任何東西可以安慰我們。

無論我們如何描繪自己的狀況，如果把可能占有的、所有好的東西聚集起來，國王就是世界上最好的職位了。可是，當我們想像一個國王飯來張口、衣來伸手，但沒有娛樂活動，如果我們只讓他思考他的實際狀況，那麼，這種可憐的幸福就無法讓他開心。他必然會預感到種種的危險，可能發生革命的危險，最後還有疾病和不可避免的死亡的危險。因此，如果他沒有所謂的娛樂活動，他就會不幸，甚至比那些最卑微的、會尋歡作樂的臣民還要不幸。

遊戲就是這麼形成的，交男女朋友、發動戰爭和謀求高位也是這麼來的。並不是因為這麼做事實上有什麼特別的幸福可言，也不是說人們想像真正的快樂就在於賭博贏來的錢或打獵捕來的兔子，假如那是送上門的話，我們是不願意要的。我們並不追求輕易就能得到的東西，它會讓我們想起自己的狀況；我們也不會尋求戰爭的危險和從政的辛苦，但是，那種奔忙卻轉移了我們的注意力，讓我們娛樂。

這就是我們喜歡追捕更甚於獵物本身的原因。

因此，人們才那麼喜歡喧鬧和紛擾；因此，監獄才會成為那麼可怕的一種懲罰；因此，獨處的快樂才是無法理解的一件事情。事實上，從國王的境況來說，如果人民不停地使他分心，為他製造各式各樣的快樂，那才是國王一生最大幸福的來源。

國王的周圍有這樣一批人，他們唯一的念頭就是讓國王分心，防止他思考自我。因為哪怕他是國王，如果想到自己，仍然會不幸福。

這就是人們為了使自己幸福所能發明的一切了。那些就此事進行哲學思考的人，認為人花一整天時間追趕一隻本來可以花錢買來的兔子是不理智的行為，這樣的人根本不懂人的天性。兔子本身並不能遮擋我們的視野，無法避免我們看到死亡與災難，但是，追趕兔子卻會使我們的注意力遠離那些憂慮，它的確轉移了我們的視線。

向皮洛士（Pyrrhus）建議，讓他享受一下他花大力氣追求的安寧生活，那的確是一件困難的事。

（編按：皮洛士，摩羅西亞國王，曾入侵義大利，擊敗羅馬人，西元前二七二年死於希臘。皮洛士準備征服全世界之後再享受安寧，大臣西乃阿斯勸他不如眼下就享受安寧，被拒絕。）

請求一個人過平靜的生活，就是祝願他過幸福的生活，也就是建議他處在完全幸福的狀態下，可以悠閒地思考，而不會從中發現不幸的根源。然而，這是不了解人的天性。

人天生就明白自己的狀況，由於人會盡力避免無所事事，因此，在尋求混亂的過程當中，他們會無所不及，什麼都做，並不是因為他們對真正的幸福有本能的理解……。

因此如果為此責備人，那是我們的錯誤。他們的錯誤並不在於尋找刺激的生活，假如他們尋找刺激是作為一種娛樂的話。錯誤在於他們尋找刺激的生活時，就好像占有自己追求得來的東西會使他們真正開心一樣。從這個角度來說，稱他們的追求為虛妄之舉並不為過。因此，在所有這些活動中，批評和被批評者都沒有理解人真正的本性。

因此，當有人譴責他們說，他們那樣滿懷熱情所追求的東西，並不能使他們滿足；如果他們回答，他們在那裡所尋求的僅僅是一種激烈和衝動的消遣，可以使自己的專注力不再思考自身，說他們因此就選擇了一個有吸引力的物體來吸引和迷惑自己，如果是這樣，他們的對手就會一句話也說不出來了。但是，他們並沒有這麼回答，因為他們並不了解自己。他們並不明白，自己要的是那種追趕，而不是獵物本身。

他們想像著，等謀取某一高位之後，他們就會從此高高興興地休息了，他們對自己欲望中貪得無厭的本質並不了解。他們自以為是在真誠地追求安寧，其實他們只不過是在尋求刺激。

他們有一種祕密的本能驅使他們四處去尋求娛樂和活動，這種本能源於自身連續不斷的不幸感。他們還有另一種祕密的本能，它是我們偉大的原始天性的殘跡，這種本能告訴他們說，在現實中，幸福僅僅在於安寧，而不在於紛亂。這兩種相反的本能在他們心中形成了一個混亂的想法，這個想法隱藏在他們的靈魂深處，卻不為他們自己所知，它鼓勵他們透過刺激得到安寧，並讓他們幻想著現在得不到以後總會得到。如果克服了所面臨的任何困難，他們就因此打開了通往安寧的大門。

人的一生就這樣過去了。人與困難鬥爭，以求安寧的生活，等他們克服了困難以後，安寧的生活又變得無法忍受了。因為我們不僅會想到自己現有的不幸，也會考慮可能威脅著我們的厄運。哪怕我們覺得自己從各個方面來說都受到了足夠好的保護，萬事無憂，倦怠本身也會從我們的心底浮現出來，因為倦怠的根源就在人心深處。倦怠會把自己的毒汁灌滿我們的思想。

帕斯卡受拉布魯耶（Jean de La Bruyère）的影響而寫作了此文。

拉布魯耶在其著作《品格論》中寫道：「所有我們的惡行都是出於不甘寂寞，因此才有了賭博、奢侈、揮霍、酗酒、無知、誹謗、嫉妒，而忘記了自身和上帝。」

他還說：「生命是短促而又令人無聊的，全部的生命就在願望中度過。人們把自己安寧的歡愉置於未來，往往是置於最美好的東西——健康與青春——已經消失之後。」

帕斯卡與拉布魯耶的觀點如出一轍，他們都是值得讚譽的人，因為他們提倡對人性的思考。

論娛樂

人是那麼地不幸，以至於沒有任何感到無聊的理由，人也會由於自己的性情中所固有的狀態而感到無聊。人是那麼地虛浮，就算有上千種理由讓他感到無聊，但最不起眼的一些小事，比如打撞球或玩球，就足以使他開心。

然而，請你說說，他的這一切都有什麼目的嗎？無非是第二天好在他的朋友之間誇耀自己比另一個人玩得高明而已；另外還有一些人在自己的房間裡揮汗如雨，要向有學問的人證明他們解決了一個代數難題，這是迄今為止還沒有人能夠解決的一道難題；更多人冒了極大的風險，為的是事後好在人前吹噓自己攻占了某座城池，在我看來，這也是愚蠢之舉；最後，還有一些人費盡氣力研究所有這些東西，不是為了讓自己更聰明一些，而僅僅是為了證明他們了解這些東西。

這些人是這一幫人中最沒有頭腦的，因為他們的愚蠢是明擺著的；反之，我們可以假設，如果其他人也有這些知識的話，他們就不會這麼愚蠢了。

每天都去小賭一把，這樣的人一輩子也就這麼樂此不疲地過去了。假如每天早晨都把他一天可能贏到的錢都給他，條件是不准他去賭博，那你會讓他痛苦不堪。也許可以這麼說，他尋找的是賭博的樂子，而不是要贏得的錢財。那麼，假如取消賭注，他就不會因為賭博而興奮了，而會感到極其無聊。因此，他尋求的不光是娛樂。讓人提不起精神和無法產生激情的娛樂會讓他心煩。他必須為某事興奮，他必須透過幻想來欺騙自己，他會很開心地贏得自己不願意當作禮物收下來的東西，因為禮物的條件是不准他賭博。他必須為自己確定一個產生激情的目標，並為此激發自己的欲望、憤怒、擔憂，要實現自己想像中的目標，就像小孩子被自己塗成的鬼臉嚇到一樣。

假如有這麼一個人，幾個月前剛剛失去了自己唯一的兒子，或者今天早上還被官司和訴訟糾纏而痛苦不堪，然而，為什麼他此刻又不再思考那些事情了呢？不要奇怪，他現在正忙於尋找那頭野豬，他的獵狗在過去六個小時裡一直在狂熱地追趕著牠。他不再需要其他任何東西了。一個人無論有多麼悲傷，假如你能想辦法讓他找點樂子，他都會暫時開心起來。無論一個人有多麼幸福，如果沒有那種可以讓他分散專注力、忘記倦怠的娛樂活動，他也會不滿意，很快便會憂傷、不幸了。沒有娛樂就沒有歡樂，有了娛樂就沒有悲傷。那些身居高位的人，他們的幸福也是這樣構成的，他們身邊有一大群人使他們開心，並且他們也有權力來維持自己的這種現狀。

請注意這一點吧！當了總督、大臣、首相的人，一大早就有一大群人從四面八方來見他們，為的是讓他們在一天中沒有時間來思考自身，那又會是什麼樣子呢？當他們失寵並被貶回鄉後，他們既沒有財富，也沒有僕人伺候，他們就此陷入不幸和孤苦之中，因為沒有人會阻止他們思考自己的事情了。

並不需要仔細研究每一種具體的喜好有什麼意義，僅僅以娛樂的名義來理解它們就足夠了。

人花時間追趕一顆球或一隻兔子，連國王也以此為樂。

娛樂——君王的尊嚴本身難道不是足夠偉大，以使享有這種尊嚴的人僅僅因為想到自己是什麼人就十分快樂？難道他也應該轉移自己的注意，就像普通人一樣？我的確看到過，一個人把他全部的心思集中在把舞跳好這件事上，他因此而看不到家裡令人悲傷的事情，結果他非常開心。但是，在國王那裡也會是這樣的嗎？思考自己的偉大，難道還不如思考這些游手好閒的娛樂追求更讓他開心？還有哪些更讓人滿意的目標會出現在他的腦海裡？讓他的靈魂塞滿如何調整自己的步伐以適合某種曲調的節奏的思想，或者塞滿如何嫻熟地扔出一顆球的想法，而不是讓自己的靈魂去安靜地玩味圍繞在自己周圍的莊嚴榮耀，這難道不是對他人生快樂的一種剝奪嗎？

讓我們來做一個試驗吧，我們使國王一個人獨自無事地思考他自己的事情，不讓他得到任何感官上的滿足，根本不理會他思考什麼，也不讓熟人靠近他。此時我們會看到，沒有娛樂的國王是一個內心悲傷的人。因此，人們才小心翼翼地避免出現這種情況，於是在國王身邊便永遠少不了一大群人，他們要保證公事辦完之後有娛樂，他們無時無刻不在注視著國王的閒暇時間，好為國王提供歡樂的遊戲，進而使他絕不會有空閒。換言之，國王的周圍環繞著許多人，他們費盡心思，從來不讓國王獨處，也不使國王處於專注自己事情的狀態之中，因為他們清楚，儘管他是國王，如果他思考自己的事情，他仍然會感到愁苦。

娛樂——人們從小時候起就學會關心自己的榮譽、財產和朋友，甚至是朋友的財產和榮譽。他們總是忙著一大堆事情，要學習語言，要進行身體鍛鍊。他們接受的教育讓他們明白，除非他們的身體、榮譽、財富以及朋友的財富處在完好的狀態中，否則他們就無法快樂，缺少一樣都會讓他們不開心。他們就這樣必須要關心許多事情，必須要從早到晚忙個不停。你會驚呼，這是一種多麼奇怪的讓他們開心的辦法呀！還有別的事情能讓他們更悲傷的嗎？的確如此！還有什麼呢？我們只要解除他們身上所有的負擔就行了，因為這樣他們就能看到自己：他們會思考自己是什麼？來自何方？去向何處？這就是為什麼我們給他們許多事情做之後，如果他們還有放鬆的時間，我們就建議他們把這時間用於娛樂、遊戲，並永遠全身心地投入。

沉思

曾協助帕斯卡作《致外省人信札》、《論對自己的知識》的尼柯爾說：「也許想到自己是使人們憂患的原因之一，但絕不是唯一的原因。」

在《致賽維尼公爵書》中，尼柯爾指出：「靈魂的快樂就在於思想，這就是何以一心想念著自己的人可能憂愁，但絕不會是無聊的緣故。憂愁和無聊乃是不同的運動。帕斯卡先生卻把它們都混為一談了。」

我們不想評論誰對誰錯，然而，尼柯爾所說的「靈魂的快樂就在於思想」，卻值得我們深思。這恰似我們常說的「境由心生」、「你認為快樂，你就是快樂的」、「凡事往好的方面想，這是無比寶貴的財富」……關於思想的重要性，帕斯卡贊同道：「人因為思想而偉大！」

願望難以滿足

當我們健康的時候，不知道生病了該怎麼辦；然而，當我們生病的時候，就會主動地吃藥，疾病勸說我們那麼做。

健康給予我們娛樂和逍遙，但生病時，我們就不再追尋興致和願望了，因為興致和願望與疾病互不相容。

所以，自然給予我們僅與當前狀態相適應的興致和願望。

使我們煩惱的只是我們加給自己的，而不是自然加給我們的困擾，因為這樣的困擾把我們不在那種狀態下的興致和願望，加入到我們當下的狀態。

我們在一切狀態之中總是不幸的，因此，願望為我們描繪出一種幸福的狀態，因為這樣的願望把我們並不在其中的那種狀態下的快樂，加入到我們正在其中的那種狀態；然而，當我們得到了這種快樂的時候，我們也並不會因此而感到滿足，因為我們會在這種新的狀態下產生其他願望。

沉思

人是一種不斷需求的動物，除了短暫的時間外，極少達到滿足的狀況，一個欲望滿足後往往又會迅速地被另一個欲望所占據。人幾乎總是在希望什麼，這是貫穿人整個一生的特點。

正因為此，人往往並不快樂，我們的建議是：保持一顆平常心，珍惜現在所擁有的一切。

人因為思想而偉大

人因為思想而偉大！

我很容易就能想像出一個沒有手、腳、頭的人（僅僅是經驗告訴我們，頭比腳更必不可少）。然而，我無法想像沒有思想的人，那就成了一塊頑石或一頭野獸了。

數學機器得出的結果，要比動物所做出的一切更接近於思想；然而，數學機器卻做不出這樣的事情——使我們說它也具有意志，就像動物那樣。

恩利爾故事中的梭魚和青蛙，牠們總是那麼做，從來不會去做別的事情，也不做其他任何顯示思想的事情。

鸚鵡愛擦嘴，哪怕嘴巴是乾淨的。

假如一個動物能以精神做出牠以本能所做出的事，並且假如牠能以精神說出牠以本能所說出的事，在狩獵時可以告訴牠的同伴說，獵物已經找到或者已經丟失了；那麼，牠就一定也能說那些牠所更為關心的事情，比如說：「咬斷這條害我的繩子吧，我咬不到它。」

僅有一個念頭能夠占據我們的思想，我們不可能同時思考兩件事情。

人顯然是因為思想而生的，人的全部優點盡在於此，人的全部責任也在於依照恰當的方式思想。

但世人在思考什麼呢？是跳舞、吹笛、唱歌、寫詩、鈴響了就賽跑，還有打鬥，讓自己當國王，根本不想想當國王是怎麼一回事，當普通人又是怎麼一回事。

人只不過是一根蘆葦，是自然界最脆弱的東西；但他是一根能思想的蘆葦。用不著整個宇宙都拿起武器來才能毀滅他；一團水蒸氣、一滴水就足以致他死命。然而，即使宇宙毀滅了他，人卻仍然要比致他於死命的東西更高貴；因為他知道自己會死去，知道宇宙所超過他的優勢，然宇宙對此卻一無所知。

因此，我們的全部尊嚴就在於思想。我們必須透過思想，而不是透過我們無法填充的時空來提升自己。那就讓我們努力地好好思想吧，這就是道德的原則。

能思考的蘆葦——我應該追求自己的尊嚴，絕不是求之於空間，而是求之於自己思想的規定。我占有多少土地都不會有用；由於空間，宇宙使囊括了我並吞沒了我，猶如一個質點；但由於思想，我卻囊括了整個宇宙。

靈魂所時而觸及的那些偉大的精神努力，都是它所沒有把握住的事物，它僅僅是跳到那上面，而不像在寶座上那樣永遠坐定，並且僅僅是一瞬間而已。

人類的全部尊嚴都在於思想。因而，思想依其本性而言，是令人驚奇而又無可比擬的東西。它除非有著出奇的缺陷才會被人蔑視。但是，思想確實有這樣的缺陷，所以再沒有比這更荒唐可笑的了。思想的本性是多麼偉大啊！思想的缺陷又是多麼卑賤啊！

然而，這種思想又是什麼呢？它是何等愚蠢呀！

思想還沒有獨立到不易受周圍任何噪音所干擾的地步。並不需要大砲的聲音才能妨礙人的思想，只需要一個風向標或滑輪的吱吱嘎嘎聲響就可以了。如果思想此刻沒能好好地推理，請不要驚奇，有隻蒼蠅正在人耳邊嗡嗡叫，這足夠讓它無法進行順利的判斷了。如果你想讓思想達到真理，那就趕走那隻小動物吧——牠阻礙理性並干擾那統治著城鎮和王國的強大智慧，這是一位搞笑的上帝！

沉思

人因為思想而偉大！

思想是一個人的靈魂，有無自己的思想是衡量一個人是否成熟的標誌，既沒有主見、又沒有思想的人是淺陋和可怕的。

一個人如果生活中不會思考，那麼他只是活著，而不是生活，更不可能擁有富有意義的人生。

沒有了思想，人將如伊索筆下的那頭愚驢，在一堆堆鮮美的草料面前活活餓死。

人的狂妄與虛榮

我們是如此狂妄，竟然希望全世界的人都知道我們，甚至是後來者，哪怕那時我們已經不在人世。我們又是如此虛榮，哪怕我們周圍五、六個人的尊敬就會使我們開心和滿足。

虛榮是如此深入人心，以至於軍人、廚師、搬運工也都喜歡吹噓，希望有人來稱讚自己；哲學家也希望有自己的崇拜者；撰文揭露虛榮心的人希望得到行文優美的榮耀；看過這些文字的人希望得到讀過此類文章的榮耀。我寫了這篇文字，也許也有類似欲求，將來看到這篇文字的人，也許……。

榮耀——讚揚從人的嬰兒期就開始嬌慣人了。啊說得多好！啊做得多漂亮！他的舉止多麼得體……。

驕傲——好奇心只不過是虛榮。大多數情況下，我們了解事物是希望能夠談論它。如果不是為了談論事物，如果僅僅是為了觀賞而不希望將來能夠傳達所見所聞，那我們就不會跨海旅行了。

論想要博得相識者尊敬的願望——在我們的可悲、錯誤之中，傲慢是那麼自然而然地占據了我們的心。如果人們願意加以評論，我們甚至樂於失去生命。

虛榮：遊戲、狩獵、訪問，虛假的羞恥，持久的名聲。

名聲具有如此大的魔力，以至於我們喜歡與名聲聯繫在一起的任何東西，哪怕是死亡。

虛榮——愛的原因及結果。

虛榮——多麼奇怪啊！像世人虛榮一樣顯而易見的東西，卻會如此的不為人所知。看不到世人虛榮的人，他自身就是講求虛榮。的確，除了沉醉於名聲、消遣和憧憬未來的年輕人之外，誰會看不到虛榮呢？

能不能在路過的城鎮得到尊重，我們並不在意；但如果打算稍作停留，我們就非常關心了。

我們並不滿足於自身和生存具有的那個生命，而希望能有一種想像的生命存在於別人的觀念裡，為此目的，我們盡力表現自己。我們不斷地努力裝扮並保持我們這種想像之中的生存，而忽略了真正的生活。如果我們心態平和，或為人慷慨，或說實話辦實事，我們就急於讓別人知道，這樣就可以把這些美德與想像中的生存聯繫起來。我們寧願這些美德從我們身上剝離，也要將它們加到另一個生存之上。為了獲取勇敢的名聲，我們不惜當懦夫。我們自身生存之空虛的一大標誌，就是我們不滿足於只有這一個而沒有另一個，並往往要以這一個去換取另一個！因為誰要是不肯為保全自己的榮譽而獻身，那他一定會身敗名裂。

高貴的行為若能隱藏起來則最為可敬。當我在歷史書中看到這樣一些行為時，真的讓我欣喜不已。但是，畢竟它們沒有完全隱藏，因為它們還是為人所知了。雖然人們盡力去隱藏它們，但只要公布很少一點就會破壞整體，因為其中最美好的就在於把它們隱藏起來的那種意圖。

沉思

名聲是一個人追求理想、完善自我的必然結果，但不是人生的目標。一個人如果把追求名聲作為自己的人生目標，處處賣弄自己、顯擺自己，就會超出限度和理智。

對於名聲我們還是看淡一些得好，正如瑪里．居禮所說：「榮譽就像玩具，只能玩玩而已，絕不能永遠守著它，否則就將一事無成。」要知道，鸚鵡雖然叫聲很響，但是牠卻不能飛得很高。

真正的朋友

真正的朋友是極大的財富，甚至對聲名顯赫的人亦是如此。真正的朋友會稱讚我們，在我們不在場的時候幫助我們，所以，我們每一個人都應盡力擁有一些真正的朋友。

然而，對於朋友我們必須認真選擇。倘若我們費盡力氣只找到一些傻子，因為他們沒有影響力，無論他們會怎樣說我們的好話，也沒有任何的用處。如果他們發現自己處於難以自保的境地，那就有可能連好話也不會說了，反倒會在人前說我們的壞話。

沉思

《聖經》上說：「真正的朋友是無價之寶。」我們不能買到友誼，也不能用金錢來衡量朋友的價值。

然而，交友必須謹慎。「近朱者赤，近墨者黑」、「多交必濫」，在與人交往的過程中，要注意觀察其思想、興趣、品行和行為。捫心自問，他是否值得結交？

論痛苦與快樂

人屈服於痛苦並不可恥，但人若屈服於快樂，就是一件可恥的事情了。

這並不是因為痛苦是從外面施加給我們的，而快樂則是我們主動去尋找的；而是因為人也可以追求痛苦並有意地屈服於痛苦，但這並不那麼可鄙。

因此，理性認為，屈服於痛苦可以原諒，但屈服於快樂則是可恥，為什麼會這樣呢？

這是因為並不是痛苦在誘惑並吸引我們，而是我們自願地選擇了痛苦，並且使它主宰了我們自己。因此，在這樣的情形中，我們自己才是主人，並且在這一點上也就是屈服於自己。

但在快樂中，是人向快樂屈服。

所以，只有主人地位和霸權才會帶來榮譽，而奴隸狀態只會帶來羞恥。

沉思

一旦人屈服於快樂，就會忘記憂患的存在，消磨了自己的意志，不求上進，得過且過，哪裡還談得上什麼發憤圖強呢?所以，屈服於快樂就好比在飲用毒酒，味道雖然甘美，喝下去卻會致人於死地。

不向快樂屈服，首先要知道珍惜時光，在有限的人生中做更多有意義的事情，其次要積極進取、不斷奮鬥。

對不幸的思考

如果我們真的處於幸福之中，那麼，我們就不會需要娛樂來轉移我們對不幸的思考，以便使我們得到幸福。

如果我們不考慮死亡，則自然的死亡，遠比思考沒有危險的死亡，更容易讓我們接受。

人生的不幸確立了這樣一個事實：由於人清楚了關於不幸的道理，因而他們就去想方設法地找樂子。

由於人無法與死亡、悲苦、無知抗爭，他們就把這些東西收進腦海裡，目的是要讓自己開心，而根本不再思考這些東西。

雖然有如此多的不幸，人仍然希望能夠開心，哪怕是僅僅開心一點。但是，他是如何做到的呢？要說開心，他原本希望自己能夠永生不死，但因為這件事情不可能做到，人就想到不去思考關於死亡的事情。

如果人是幸福的，那麼，他越是不消遣就會越幸福，就像聖人那樣。但是，能夠享受消遣，難道不也是幸福的嗎？不是的，因為娛樂來自於別處，來自於外部，因此它具有依賴性，並可能受到許多事物的干擾，這肯定會帶來悲傷。

悲苦——能夠撫慰我們內心悲苦的唯一東西就是消遣了，然而它本身卻是我們最大的悲苦。因為正是消遣防止我們思考自身的處境，並使我們在不知不覺中毀掉自己。沒有消遣，我們會處於厭倦的狀態中，這種厭倦會驅使我們去尋找更有效的辦法從中解脫。但是，消遣讓我們感到開心，卻也讓我們在不知不覺中走向死亡。

可悲——所羅門與約伯最了解人類的可悲，而且表述得最為完善。所羅門是最走運的人，而約伯是最不幸的人，前者根據經驗知道快樂的虛幻，後者根據經驗知道邪惡的真實。

（編按：此處的所羅門指《傳道書》的作者，帕斯卡認為舊約《傳道書》的作者是所羅門。）

偉大的人與渺小的人都有同樣的不幸，同樣的痛苦，也有同樣的激情，然而一種人處於輪子的邊緣，另一種人接近輪子的中心，因而在同樣一種旋轉中後者所受的影響就要小一些。

我們是如此不幸，以至於只有在某件事難以處理、令人煩亂的情況下，才能得到快樂，成千上萬的事情都是這樣，時時如此。發現了好的事物，並能在其中取樂，而不為壞事煩惱的人，一定是知道了這個祕密的人。這就是永恆的運動。

身處不幸卻總是抱著美好的願望，碰到好運總是十分開心的人，如果他們不是同樣地為碰到壞運而沮喪的話，那人們就會懷疑他們面對不順利的事情也很開心。他們為發現希望的假象而狂喜，並以此顯示他們對此事的關心。而在看到事情失敗時，他們用假裝的快樂來掩飾自己內心真正的想法。

我們粗心大意地朝懸崖奔去，事先拿東西擋住我們的視線，以免看到懸崖的危險。

沉思

生命並不是一帆風順的幸福之旅，而是時時擺動在幸與不幸之間。我們不能像鴕鳥一樣把頭埋在沙堆裡，拒絕面對各種麻煩，因為麻煩不會因此而獲得解決。

我們每個人都會有不幸，而且會有各式各樣的不幸，面對不幸能增加我們的勇氣，使我們有更多走出不幸的可能性。

掌握現在

我們從來都沒有掌握住現在。我們期待未來，好像未來來得太慢我們要加速它的進程似的；或者，我們便回想過去，好像要阻止它飛快地流逝。我們是如此的輕率，以至於只是在不屬於我們的那些時間裡徘徊，卻根本想不到那唯一屬於我們的時間；我們又是如此地虛妄，以至於夢想著那已經消失的時間，卻隨意地忽略了那唯一存在的時間。這是由於現在通常總是在刺痛我們。我們對現在視而不見，因為它使我們痛苦。如果它使我們快樂，我們就會遺憾於它消失得太快。我們試圖用未來維繫現在，而且對現在無能為力的事情，我們想要將之安排到並不能確定的時間裡去。

如果每一個人都檢查一下自己的思想，那麼，我們會發現它們完全是被過去和未來所占據的。我們極少想到現在，而且假如我們想到的話，也只是想借助現在安排未來。現在永遠也不是我們的目的，過去和現在都是我們的手段，只有未來才是我們的目的。因此，我們從沒有真正生活過，我們只是在希望著生活。由於我們永遠都在準備著能夠幸福，所以，我們就必然永遠也不會幸福。

沉思

我們習慣於把目光只鎖定在未來的目標之上，並使盡全部力量去捕捉它。於是，日常生活中一個又一個美麗的時刻與我們擦肩而過。經過全力的拚殺，或許我們可以達到自己的目的，卻是以犧牲快樂、犧牲豐富而富有情趣的生活為代價，這就是真正的生活嗎？

幸福就在今天，總是把快樂寄託在明天，甚至於沉溺於昨天，這都是極其錯誤的觀念。

論靈魂不朽

靈魂不朽對於我們是極其重要的一件事，它對我們的影響是如此地深遠，以至於如果我們對於了解它究竟是怎麼回事漠不關心的話，那我們必定是冥頑不靈了。

我們所有的行動和思想，都必須根據是否有永恆的歡樂可以期待而採取不同的途徑。除非根據我們所看到的，應該成為我們最終目標的那種觀點來調整我們的步伐，否則我們不可能邁出具有理性和判斷力的任何一步。

因此，我們首要的利益和首要的義務，就是讓自己明白這個主題，我們的一切行動都取決於此。而這正是為何我要在那些不相信的人中做出重大區分的原因，區分出那些竭盡全力在努力求知的人和那些活著卻不願意對之冥思的人。

我只能同情那些真誠地為他們的懷疑而嘆息的人，他們把這種懷疑視為最大的不幸，並竭盡全力要擺脫它。他們把這種質疑當作他們最主要而又最嚴肅的事業。

然而，對於那些根本就不思考人生終極目標的人來說，他們僅僅由於不能在自己身上發現那種可以說服他們的光明，便不肯再到別的地方去尋找，他們也不去徹底檢查這種觀點是人們因愚蠢的輕信而接受的一種觀點，還是那種雖然自身模糊卻有相當堅實和不可動搖基礎的一種觀點，對於他們，我會以極其不同的態度來對待。

對於關係著他們的自身、他們的永恆、一切的一件事，竟採取如此無知的態度，這使我更多的是憤怒而不是憐憫；這樣的無知，使我驚訝，在我看來不可理解。我這樣說，並不是出於一種精神信仰上虔誠；相反地，我希望我們能從人類利益和自愛的原則出發而產生這種感情。關於這一點，就算最不開化的人也能明白。

並不需要有特別高明的靈魂就可以理解：這裡根本就不會有什麼真正而持久的心滿意足，我們全部的快樂都不過是虛幻，我們的苦難是無窮無盡的，而且最後還有那無時無刻不在威脅著我們的死亡，它會確切無誤地在短短的若干年內，就把我們置於要麼是永遠毀滅、要麼是永遠不幸的那種可怕的必然性中。

沒有什麼比這更真實、更可怕的了。即使我們能做到像所希望的那樣英勇，然而，這就是等待著哪怕是世上最高貴的生命的結局。讓我們就此思考一下吧，然後再來說說下面這些話是否毋庸置疑：此生無望，只有期待來世；我們的幸福僅僅取決於接近它的程度；而且正如那些對永生完全有信心的人就不再會有悲痛，那些看不到永生的人就不再會有幸福。

因此，這種懷疑確實是很大的罪過。然而，當我們處於這種懷疑之中，進行探索至少是我們不可避免的義務。那種心存疑惑而又不去探索的人，他一定是非常不幸和完全錯誤的。如果除此之外，他心滿意足，坦然面對，甚至引以為榮，如果他快樂和虛榮的主題就在這種狀態中，我就無法用言語來形容這樣一個愚蠢的生物了。

人們為什麼會有這種觀念呢？如果我們什麼也指望不上，而只有無望的悲苦，那我們還能有什麼快樂可言呢？如果我們處於無法穿透的黑暗中，那我們又有什麼理由自吹自擂呢？對於一個有理性的人來說，怎麼能有下面這種主張呢？

「我不知道是誰把我帶到世界上來的，也不知道世界是什麼，我自己又是什麼？我對一切事物都處於一種可怕的愚昧無知之中。我不知道我的身體是什麼，我的感官是什麼，我的靈魂是什麼，以及甚至於我自己的哪一部分是什麼——哪一部分在思想著我所說的話，它對一切、也對它自身進行思考，而它對自身的不了解一點也不亞於對其他事物的不了解。我看到整個宇宙的可怕空間包圍了我，我發現自己被束縛在這無邊無際的天地間的一個角落裡，而我根本不明白我為什麼被安置在這裡，也不知道為何分配給我的這一短暫時間，是在全部永恆裡的這一段而不是另一段，即在我之前或在我之後。我看見的只是各個方面的無限，它把我包圍得像個原子，又像個僅僅曇花一現就一去不返的影子。我所明瞭的全部，就是我很快地就會死亡，然而，我知道得最少的恰是這無法逃脫的死亡。」

「正像我不知道自己來自何方，也不知道去向何處，我只知道在離開這個世界時，我要麼永久地灰飛煙滅，要麼落入憤怒的上帝手中，不知道自己將永遠地處於這兩種狀態中的哪一種。這就是我的情形，充滿了脆弱性和不確定性。」

「由這一切，我得出結論，活著的時候，無論哪一天都不要去思考在自己身上到底會發生什麼樣的事情。也許我能夠找到一些解決疑團的答案，但我不會去找那個麻煩，也不會邁出一步去尋找它。在對那些關心此事的人嗤之以鼻之後，我將不用預見、不用害怕地去嘗試一件大事，並讓自己無憂無慮地被引向死亡，而對自己未來狀態的永恆與否並不抱肯定的看法。」

誰會希望跟一個以這種方式講話的人做朋友呢？誰會從人群中間挑出他來，向他傾訴自己的事情呢？誰會在自己苦惱的時候求助於他呢？這樣的一種人，我們能夠讓他在生活中發揮什麼作用呢？

人因為思想而偉大，這是我們從帕斯卡的《思想錄》中得到的最大啟示。

讀《思想錄》，我們在獲得精神愉悅的同時，也應該學會去思考。

在本文中，我們或許能思考到這樣一點：人不能毫無目的的活著。

由此我們又想到偉大思想家莊子所說：「哀莫大於心死，愁莫大於無志。」

我們甚至可以接著做一個有趣的比喻：所謂命運，就是淪落在雞窩裡的鷹。你願意選擇雞一樣的生活，你就會平庸一生、碌碌無為；你願意選擇像鷹一樣展翅翱翔，你就會光耀一生、鵬程萬里。

沒有光明的可恥

沒有什麼比自身的狀態對人更為重要的了，沒有什麼比永恆更讓人敬畏的了。如果有人對喪失自己的生存、對永恆痛苦的危險漠不關心，那是很不正常的。相對於其他事物而言，這些是迥然不同的。他們甚至擔心著最細微的小事，他們預料著這些小事，他們感覺著這些小事；就是這樣的人，日日夜夜都在憤怒和絕望之中度過，唯恐喪失一個職位或在想像著對他的榮譽有什麼損害，而這正如同一個人明知自己臨死就會喪失一切，卻毫不憂慮、無動於衷。看到在同一顆心裡而且就在同一個時間內，既對最微小的事情這樣敏感，又對最重大的事情那樣麻木得出奇，這可真是一件奇怪的事情。這是一種不可思議的玄妙，是一種超自然的遲鈍，它顯示出其根源在於一種萬能的力量。

人的天性必定有一種奇怪的混亂，他竟然誇耀自己處於這種狀態中，而一個人能處於此種狀態實在令人難以置信。然而，經驗卻使我看到這種人的數量是如此之多，以至於如果我們不知道混在其中的人大部分都是在模仿別人，而並不是真正那個樣子，這一事實令人驚訝不已。這些人都只是聽別人說世上最時髦的事就在於這樣的行為偏激，這就是他們所謂的擺脫羈絆，他們在極力模仿。但是，想讓他們知道他們在尋求尊敬的過程中是怎樣地自我欺騙，這並非難事。這絕不是獲得尊敬的方法，我甚至在飽經世故者面前也這麼說，他們對事物抱健康的看法，他們知道，此生成功的唯一方法是讓自己看上去受人尊敬、有誠信、處事明智、對朋友能夠提供幫助，因為很自然地人們喜歡對自己有所幫助的人。現在，我們聽說有一個人擺脫了自己的羈絆，他不相信有一個上帝在監視他的行動，他自以為是自己行為的唯一主宰，並且他認為只對自己本人負責；那麼，這對我們有什麼好處呢？他是不是認為我們因此便對他產生了完全的信任，會因為日常生活而去找他尋求安慰、建議和幫助了呢？他們是不是自以為告訴了我們，而尤其是以一種傲慢自滿的聲調告訴了我們，他們只把我們的靈魂當作是一縷過眼煙雲，就會使我們高興了呢？難道這是一件值得高興的事情嗎？恰好相反，它難道不是一件可悲的事嗎？不是世界上最可悲的事嗎？

他們就會明白這是一個如此惡劣的錯誤，如此有悖常理，如此有失體面，從各個方面都如此遠離了他們所追求的良好教養。與其說他們會敗壞有意追隨他們的人，倒不如說他們極可能糾正那些人。的確，如果你讓他們陳述自己的意見，並且拿出懷疑宗教的理由，他們會對你說出軟弱無力、微不足道的一些事情，結果倒是說服你相信相反的意見。下面就是一個人很恰當地對這種人說的話：「如果你繼續以這種方式談論下去，你真的會使我成為一個信教的人。」他是對的，誰不會因為和如此可鄙的人持有相同的觀點而心存恐懼呢？

所以，那些只是假裝持有這種觀點的人，要想束縛自己的感情迫使自己成為最桀驁不遜的人，就會是極其不幸的。如果他們的內心深處苦於不能擁有更多光明，希望他們不要加以掩飾，這種承認一點也不可恥，可恥的只是根本就沒有光明。最足以譴責精神極端脆弱的，莫過於無法認識一個沒有上帝的人是多麼地不幸了；最足以標幟內心品性惡劣的，莫過於不肯希望永恆的許諾這一真理了；最怯懦的事，莫過於做反對上帝的勇士了。

因此，希望他們把這類不虔敬留給那些生來就壞得足以能夠真正作惡的人們去吧，他們假使不做基督徒，至少也要做誠實的人，並且但願他們終於能認識只有兩種人才是可以稱為有理智，即或者是那種因為認識上帝而全心全意侍奉上帝的人，或是那種因為他們不認識上帝而全心全意在尋求上帝的人。

沉思

帕斯卡一直處於疾病的困擾之中，從十八歲起他就沒有一天不在病中，二十四歲時又因中風而癱瘓，他輝煌而又苦難的一生終於在西元一六六二年結束，享年三十九歲。他在病中與父親和妹妹雅克琳同住在一起，並受到他們的影響，逐漸注意到思想和信仰的問題。

帕斯卡的父親是一位虔誠的基督徒，曾接觸到楊森主義(Jansenism)，帕斯卡也受其影響，在這個時期裡「第一次皈依」。之後，他的注意力漸漸轉移到宗教和神學方面，但他根本無意棄絕世俗生活。他在科學中，在哲學中，在沉思生活中，又在世俗生活中，探求世界的真理問題和人生的幸福問題。在西元一六五四年的一場事故中，他奇蹟般脫險，這次事故刺激他經歷了一番特殊的內心體驗，這就是歷來研究者所謂的「第二次皈依」。此外他的妹妹雅克琳在父親去世後就在皇港修道院當了一名修女，她也對哥哥產生了很大影響。此期間帕斯卡的健康狀況越來越糟，不斷增加的痛苦也使他越來越遠離科學世界，轉而思考永恆問題。由於以上種種原因，他入居皇港修道院，終其餘生全心全意地追求宇宙與人生的真理。

天堂與地獄之間

在天堂與地獄之間，只有生命。生命——世界最脆弱的東西。最後一幕若是悲劇性的，那麼，無論全劇的其他部分多麼美好；最終，一把黃土撒在我們頭上，於是一切就永遠結束了。

感覺我們所占有的一切都在悄悄溜走，這真是一件可怕的事情。

主人愛你、給你恩惠，你因此就改變作為奴隸的命運了嗎？奴隸啊，你似乎的確交了好運。你的主人喜歡你，但他不久也會鞭打你。

他們說：「假如我有信仰，我會立即拋棄快樂。」而我呢，我要向你說：「假如你拋棄快樂，你會立即就有信仰。」因此，就看你怎麼開始了。如果我能夠，我就給你以信仰；然而我不能夠做到，因此也不能夠驗證你所說的是不是真話。但是，你卻完全可以拋棄快樂，並驗證我所說的是不是真的。

人因作惡而受罪，因行善而得到讚揚。

沉思

地獄與天堂一牆之隔。人因行善而上天堂，人因作惡而下地獄。

一個人常做好事，表面上雖看不出什麼好處，似乎是「傻」、是「糊塗」，但行善的人就像一個長在草叢裡的冬瓜，自然會一天天地長大。反之，一個人常做壞事，表面上雖看不出有什麼壞處，但作惡的人就像春天的積雪，只要陽光一照自然會消逝。

有限消失在無限面前

無限——虛無。我們的靈魂進入肉體，它在肉體裡發現了數字、時間、尺度。靈魂隨即進行推理，並稱其為天性、必然，其他什麼也不信。

無限之上加一，並未給無限增添什麼，只不過是在無限的尺度上再加一尺。有限消失在無限的面前，變成了純粹的虛無。我們的精神在上帝之前便是如此，我們的正義在神聖的正義之前也是如此。我們的正義與上帝的正義之間的不成比例，並不像一和無限之間那麼巨大。

上帝的正義也必定會像他的仁慈一樣廣大；可是，對受懲罰者的正義卻不那樣廣大，而且比起對選民的仁慈來，也應該更少理會我們的情感。

我們雖認識無限的存在，卻並不知道無限的本性。既然我們知道數字有限這種說法乃是謬誤的，因而數字無限就是正確的了，但我們卻不知道它是什麼，說它是偶數是錯誤的，說它是奇數也是錯誤的，因為給數字加一並不能改變它的性質，然而它是一個數，而一切數不是偶數便是奇數，對於任何有限數來說，這都是正確的。因此，我們不妨認為有一個上帝存在，但不一定要清楚祂到底是什麼。由於有那麼多事物並不是真理本身，是不是根本就沒有一個實在的真理了呢？

因此，我們認識有限的存在及其本性，因為我們也像它一樣是有限的和廣延。我們認識無限的存在而不知道它的本性，因為它像我們一樣是廣延的，但又不像我們這樣有限度；而我們既不認識上帝的存在，也不認識上帝的本性，因為祂既不廣延，也沒有限度。

但透過信仰，我們知道上帝的存在；依據光榮而可以認識祂的本性。我已經指出，我們可以很好地知道某一事物的存在，而不一定要清楚它的本質。

現在就讓我們依據天性的光芒來談談吧！

如果上帝存在，那麼祂就是無限不可理解，因為上帝既沒有部分也沒有極限，祂就與我們沒有任何密切的關係。因此，我們無法知道祂是什麼，或祂是否存在。既然如此，誰還敢著手解決這個問題呢？不是我們，因為我們與上帝沒有任何關係。

因此，誰會責怪基督徒，說他們不能為信仰拿出證據，因為他承認有一門自己無法拿出理由的宗教？他們在向世界闡釋宗教時，他們宣布這是一種愚蠢的行為，之後你會抱怨，說他們還沒有證明它！就算證明了，他們也不會信守自己的諾言，正是因為缺乏證據，他們才不缺乏理智。

「是啊！但就算這可以寬恕那些如此說話的人，可以去除那些毫不理智地指出這種主張的人的責備，但它卻不能寬恕那些接受它的人。」那麼，就讓我們來考察一下這個論點吧，讓我們說：「上帝存在，或者是不存在。」然而，我們會傾向於哪一邊呢？在這上面，理智是無法決定什麼的。有一種無限的混沌把我們隔離開了，這裡進行的是一場賭博，正在那無限距離的極端進行著，在那裡，正反面都會相遇，你將賭什麼呢？

根據理智，你既不能做這樣一件事，也不能做那樣一件事；根據理智，你不能為雙方的任何主張辯護。

沉思

毫無疑問，帕斯卡的《思想錄》是一部護教之作。為基督教的辯護自基督教誕生之初即已開始，從哲學層面來說，自護教學者游斯丁（Justin Martyr）始，經教父哲學的集大成者奧古斯丁幾十年反覆的推敲，再由經院哲學的登峰造極者阿奎那（St. Thomas Aquinas）以毒攻毒式的辯說，發展到現代的希望神學、解放神學、過程神學等五光十色的基督教護教運動，基督教作為一種信仰已經遠遠超出其宗教意義，成為現代哲學的重要部分。

帕斯卡的基督教申辯，是基督教發展過程中面對以蒙田（Michel de Montaigne）為代表的懷疑主義，以及地動說和地理大發現等現代科學萌芽之後，以理智覺醒的名義，向基督教提出嚴峻挑戰的關鍵時期的中繼加油站。

從《思想錄》中我們可以看出「人因為思想而偉大」毋庸置疑的真理性。

為上帝存在下賭注

不要責備那些做出選擇的人犯了錯誤，因為你對此也一無所知。

「不，但我責怪他們的，不是因為做出了這個選擇，而是根本就不應該做出任何選擇，因為無論選擇這一邊還是那一邊都是錯誤的，他們雙方都走錯了路。正確的做法是根本就不要打這樣的賭。」

是的，但你必須要賭，這是強制性的，你無法逃避。那麼，你將選擇哪一邊呢？讓我們看看吧！既然必須選擇，就讓我們來看看哪一邊最不讓你產生興趣吧！

你有兩樣東西可輸：即真與善；有兩件東西可賭：即你的理智和意志，以及你的知識和幸福；而你的天性又有兩樣東西要躲避：即謬誤與不幸。既然必須要選擇，你的理智不再會因為選擇這一邊而不是另一邊而震驚，這是已經確定的一點。然而，你的幸福呢？讓我們權衡一下賭上帝存在這一方面的得失吧！讓我們估計這兩種情況：假如你贏了，你就贏得了一切；假如你輸了，你卻一無所失。因此，你就不必遲疑去賭上帝存在吧——「這個辦法真了不起。是的，非賭不可；不過或許我賭得太多了吧。」——讓我們來看看。由於得與失是同樣的機會，所以如果你會贏得兩次生命而不是一次，你就可以賭下去；但如果可以贏得三次生命，你就非賭不可了。此刻你就被迫賭下去，而在得失機會相等的賭博中，如果你不肯冒險以求贏得三次生命，那你的行為就太輕率了。

然而，生命和幸福的永恆存在，既然如此，如果在無限的機會中只有一次對你有利，你用一次生命贏得兩次生命仍然是正確的。既然必須賭下去，在無限多的機會中肯定有一次是為你預備的，如果有無限的幸福生命可以贏得，而你卻拒絕以一次生命去賭三次生命，你的行為就是愚蠢的。但這裡的確有無限的幸福生活可以贏得，在有限數量的失敗中有獲勝的機會，而你所下的賭注是有限的。這一切就都劃分好了，無論無限在什麼地方，並沒有無限多的失敗機會與獲勝機會並列，你沒有時間猶豫，你必須孤注一擲。所以，當人們被迫去賭的時候，他必須放棄理性以保存生命，而不是為了無限的收穫而拿生命冒險，這種收穫發生的機會，跟虛無的損失是一樣的。

因為說這樣的話是毫無用處的：我們並不能肯定是否會贏，可以肯定的是我們必須要冒險；我們所下賭注的確定性，與我們所要贏得之物的不確定性之間的無限距離，等同於我們定要付出的有限財富與將會得到的不確定性的無限之間的距離。事實並非如此，所有的賭徒都是以一種確定性為賭注，以求贏得一種不確定性，然而，他用有限的確定性去贏得有限的不確定性，卻並不違背理性。認為我們所下賭注的確定性，與所得的不確定性之間並沒有無限的距離，這是錯誤的；事實上，在得的確定性與失的確定性之間是成比例的。

由此可見，如果一邊跟另一邊的風險一樣大，那麼將會賭成平局，而且下注的確定性與所得的不確定性又是等同的，兩者之間不可能有無限的距離。因此，在輸贏機會相同的賭局中，當下的注是有限的而所贏得的卻是無限的時候，我們的命題便具有無限的力量。這是可以證明的。如果人們能夠明白任何真理的話，這就是其中一條。

「我承認這一點，我同意這一點。然而，難道再沒有辦法可以看到底牌了嗎？」

有啊！《聖經》和其餘的一些。

「是的，但我的手被束縛著，我的口緘默著；我被迫不得不賭，我並不是自由的；我沒有得到釋放，而我生來又是屬於那種不能信仰的人。那你要我怎麼辦呢？」

確實如此，但你至少可以領會你對信仰的無力，既然理智把你帶到了這裡，而你又不能做到信仰。因而，你應該努力不要增加對上帝的證明，而要減少自己的感情，來使自己信服。你願意走向信仰，而你不認得路徑；你願意醫治自己的不信仰，你在請求救治，那你就應該學習那些像你一樣被束縛著，現在卻賭上全部財富的人們；正是這些人才認得你所願意遵循的那條道路，並且已經醫治好了你所要醫治的那種病症。

去追隨他們已經開始的那種方式吧：那就是一切都要做得像他們是在信仰著，要領聖水，也要參加彌撒等，這樣才會自然而然使你信仰並消除敏感。「但這是我所害怕的。」為什麼害怕呢？你有什麼可喪失的呢？為了向你表明它會引向這裡，就要減少你的感情，而你的感情則是你最大的障礙。

現在，參與了這一邊會對你產生什麼壞處呢？你會成為虔敬的、忠實的、謙遜的、感恩的、樂善的、誠信的、說實話辦實事的人，你絕不會陷入有害的歡愉，陷入有害的虛妄，陷入有害的傲慢；然而，你絕不會有別的了嗎？

我可以告訴你，此生你會有所增進，在這條路上你邁出的每一步，都會看到巨大收益的確定性，而可能遭遇的風險卻極小，最後你會認識到，你為某種確定和無限的東西下了賭注，而你並沒有為此付出任何東西。

沉思

在楊森主義與耶穌會的那場著名的十七世紀法國思想戰線理論鬥爭中，帕斯卡作為楊森主義突出的辯護人，寫了十八封信抨擊耶穌會，這些信對新興的人文主義思想造成了鼓舞作用。在這場論戰中，他所醞釀的某些光輝的近代思想內容和近代思想方法，超出了神學範圍，而為思想史留下了一份寶貴的遺產。

在沉迷於哲學與宗教沉思的時期，帕斯卡也沒有放棄科學研究工作，他的科學成就，被十八世紀百科全書式的科學家達朗貝爾（Jean le Rond d'Alembert）譽為阿基米得與牛頓科學的中間橋梁。

論信仰

對於那些勇於談論上帝的人而言，我極其佩服他們的勇氣。在對不信仰的人宣講自己的觀點時，他們開篇就以大自然的創造來證明神性。假如他們是在對有信仰的人宣講自己的觀點，我就不會對他們的行為感到驚奇。因為可以肯定，對於那些心中有信仰的人而言，他們一眼就能看出，一切的存在物只不過是他們所崇拜的上帝的創造。

然而，對於那些人——那些心中的信仰之火已經熄滅，正準備重新點燃其信仰之火的人，對於那些缺乏信仰和神恩的人；對於那些用他們一切的智慧尋找，尋找凡是他們在自然中看到，能為他們帶來這些知識的一切東西，卻只發現了一片昏暗的人——我們要告訴他們，只要看一下身邊最微小的事物，他們就會坦然見到上帝，並讓他們看到月球和行星的運行軌跡，以此作為那些偉大而重要事情的全部證明，並且宣稱用這樣的論證就完成了證明。這就為他們相信我們對宗教的證明是非常脆弱的提供了理由。而我透過理性和經驗發現，沒有什麼比這更適於喚起他們的蔑視了。

《聖經》並不是以這種方式談論上帝的，而《聖經》對於跟上帝有關的事情有更好的理解。恰好相反，《聖經》說上帝是隱蔽的上帝，還說由於人的天性腐化，他就將人留在黑暗之中，只有透過耶穌基督的引領，人們才能遠離黑暗，沒有耶穌基督，與上帝的一切聯繫都會斷絕。

《聖經》在許多地方談及那些尋找上帝的人會找到上帝時，就是這樣向我們指出。這裡所說的並不是「像正午的陽光」那樣的光明。我們並不是說，那些尋找正午陽光的或是尋找大海之水的人能找到它們。因此，上帝的證明並不是這種性質的證明。所以，它在其他地方告訴我們：「祂實在是隱蔽的上帝」。

信仰有三種來源：理性、習慣和啟示。只有基督教才具備理性，這門宗教並不把沒有啟示而信仰的那些人當作自己真正的孩子。這並不是說它排斥理性和習慣，反之，思想必須向證據敞開，必須由習慣證實，並且以謙卑的姿態將自己交付於啟示，因為只有啟示才能產生真實而有益的效果。

證據與信仰並不相同，一種是上帝的恩賜，另一種屬於人。由於證據，上帝便親自把信仰置入人心。對於信仰，我們不會說我知，而會說我信。

把希望放在禮儀之上是迷信，但不願受禮儀的制約卻是傲慢。

外表必須與內心結合起來才能從上帝那裡有所收穫，也就是說，我們必須下跪、祈禱……目的是讓那些不願屈服於上帝的高傲的人也能服從。渴望那種表面的幫助就是迷信，拒絕把它與內心結合就是傲慢。

其他一些宗教，由於它們是由外表構成的，可能更受歡迎。然而，它們對於有教養的人是沒有用的。一種純粹理性的宗教更適合於有學問的人，然而，對於普通人卻沒有用。只有基督教適合於一切人，因為它是由外表和內心結合而成的。它使自傲的人屈服於外表，使普通人提升其內心。沒有這兩者就不會完美，因為人們必須理解文字的精神，有學問的人則必須使自己的精神屈服於文字。

我們千萬不能誤解自己。我們是有智力的人，也是依習慣行動的人，因此，進行說服的工具並不只是論證。能被論證的事物有多少呀？證據只能說服思想，習慣才是我們最堅強和最信服的證據來源。它可以約束不對事物進行思考就能說服精神的自動行為。有誰論證過將會有明天？又有誰論證過我們將會死亡？哪一種信仰得更多呢？因此，是習慣說服我們相信它的，是習慣使那麼多人成為基督徒的，是習慣使很多人成為土耳其人、異教徒、工匠、軍人……最後，當思想一旦看到真理的所在，我們就必須借助習慣來消除自己的飢渴，並且沉浸在那無時無刻不企圖遠離我們的信仰之中，因為總是要隨時拿出證據實在是一件麻煩的事情。我們必須得到更簡便的信仰，也就是習慣的信仰，它使我們相信一些事情，不用暴力，不用心機，不用爭辯，並且使我們所有的力量都趨向這樣的信仰，因而使我們的靈魂自然而然地投入其中。僅僅出自確信的力量而信仰還不夠，因為自動行為往往會相信相反的東西。思想和自動行為這兩部分都要為信仰做好準備，思想透過理性進行——一生中見到一次理性就足夠了，自動行為透過習慣進行——不能像習慣一樣傾向於反面。

理性的行動緩慢，它需要進行那麼多的檢查工作，而且要對如此之多必須永遠在場的原則發揮作用，結果理性隨時都會沉睡或渙散，因為並非所有的原理都在場。感覺卻並非如此，它行動迅速，並隨時準備行動。所以，我們必須把信仰置於感覺之中，否則信仰就會猶豫不決。

我認為，哪怕就信仰而言，真正的基督徒很少。許多人信仰，然而卻是出於迷信，許多人不信仰，但是卻是出於邪惡。居於兩者之間的人極少。

這其中，我並沒有包括所有那些由發自內心的情感而產生信仰的人，也沒有包括那些真正虔誠的人。

不要把道聽塗說的事情當成自己的準則，如果不將自己放在從來沒有聽說過這件事情的狀態，你就不應該輕易相信這件事情。

讓你相信的，應該是經過你自己同意，而且是理性持續不斷地發出來的聲音，而不是任由別人的理性來促使你相信任何東西。

信仰極其重要！一百個矛盾可能是真實的。如果古老是信仰的準則，那麼古人就沒有任何準則可言了。如果是一致同意的，那如果人類消失了呢？

掀起簾幕來吧！如果你要麼信仰，要麼否認，要麼懷疑，那你是在白費力氣。那我們就沒有規則嗎？我們的判斷是，動物做動物的事情，沒有什麼不好，那就沒有藉以評判人類的尺度嗎？合適的否認、信仰或懷疑，對於人而言，就如同賽跑對於賽馬一樣。不喜歡真理的人總有藉口，說真理總有爭議，還說有許多人否認真理。他們的錯誤僅僅在於：他們既不喜歡真理，也不喜歡虔敬的生活。因此他們也就沒有任何理由可言。

我們並不厭煩每天吃飯和睡覺，因為飢餓和睏倦重複發生；如果並非如此，我們就會對此感到厭煩。因此，如果沒有精神的渴求，我們就會厭倦於精神的滿足。

信仰的確能夠說出感官說不出來的話，但不是感官看到的相反面。看到的東西在它們之上，而不是與它們相反。

由心靈來感受，而並不是由理智來感受，這就是信仰。

看到頭腦簡單的人不加推理就去信仰，你不要驚奇，因為信仰並不是根據推理而來。

人沒有信仰就無法認識真正的美好，也無法認識正義。

意志的行動與其他所有行動之間，存在著普遍和根本的差別。

意志是信仰中的要素之一，並不是說它創造了信仰，而是因為事物的真假有賴於我們看待事物的角度。意志喜歡一種角度而不喜歡另一種角度，如果意志不喜歡看到什麼東西，它會使人的思想不再考慮那種東西的特質。因此，人的思想跟著意志跑，不再考慮它喜歡的角度，而是根據自己看到的東西做出評判。

沉思

《最偉大的力量》一書的作者J．馬丁．科爾告訴我們：「信仰的力量，是引導我們走向成功的極大力量。」

信仰好比航標燈射出的明亮光芒，在朦朧浩淼的人生海洋中，牽引著我們走向輝煌。高高舉起信仰之旗的人，對一切艱難困苦都無所畏懼；相反地，信仰之旗倒下，人的精神也就垮了下來。而從來就不曾擁有過信仰的人，對一切都會畏首畏尾，在漫長的人生旅途中抬不起頭，挺不起胸，邁不開步，整天渾渾噩噩，看不到光明，沒有希望，因而也感受不到人生的幸福和快樂。

習俗是正義的本質

他住在河的另一邊。

「為什麼要殺我?」

「為什麼要殺你?你不是住在河的那一邊嗎?如果你住在河的這一邊,我的朋友,那我就成了殺人犯了,以這種方式殺你就是不正義的行為了;但由於你住在河的那一邊,所以我就成了英雄,我的所作所為就是正義的了。」

人類統治的世界,人類將它的秩序建立在什麼基礎之上呢?建立在每個人任意妄為的基礎之上嗎?那該是多麼的混亂啊!建立在正義的基礎之上嗎?可是人類對正義並不了解。

的確如此,如果人類了解正義,就不會確立這麼一條在人類所有準則中最普遍的一條準則了,即每個人都必須依照本國的習俗行事。真正公正的光輝使所有的民族臣服,而立法者也就不會以波斯人或德國人的幻想和心血來潮為楷模,來取代那永恆不變的正義了。我們就會看到地球上一切時代的一切國家都建立正義的秩序,而不會看到所有正義和不正義的東西都隨著氣候變化而改變其。緯度上的三度之差便可以顛倒法學,子午線決定了真理,基本法過幾年就得改變,權利也有時代的局限,土星進入獅子座,就標幟著某一種罪行的開始,以河流為界的正義多麼奇怪啊！真理在庇里牛斯山的這一邊，而錯誤則在山的那一邊。

（編按：指西元一六三九至一六五九年法國與西班牙的戰爭，庇里牛斯山為兩國的邊界。）

人類承認正義並不在這些習俗之中，而在一切自然之中，所有的國家都是如此。如果分配人類法律的是並無秩序可言的機緣，碰巧有一條是普遍適用，人們就一定會頑固地堅持它；然而，滑稽可笑的是，人類反覆無常的想法，多到竟然找不到一條這樣的法律。

偷盜、亂倫、殺嬰、弒父，所有這些犯罪行為都在有德行的行為中占有地位。僅僅因為一個人住在河的對岸，因為他的統治者與我的統治者之間有過爭執，儘管我和他並沒有任何爭執，但他仍有權殺死我，難道還有比這更荒唐可笑的事情嗎？

毋庸置疑，自然法是存在的，但清晰的理性一旦腐化，它便會使一切都腐化了。

這種混亂的結果是，有人說，立法者的權威就是正義的本質；有人說，君主的利益就是正義的本質；還有人說，習俗就是正義的本質，而這是最確切的。

僅僅根據理性，沒有任何東西本身是正義的，一切都隨著時間變化而變化。習俗確立了一切正義，僅僅由於其為人所接受的緣故，這也就是它那權威的奧祕所在了，無論是誰，將它引回到最初原則就是毀滅它。

沒有任何東西比糾正錯誤法律錯得更厲害的了，那些因為它們是正義的，而服從它們的人就是要遵守想像中的正義，而不是法律的本質。法律是靠自身的力量而完備，它是法律，而不是別的什麼東西，誰要是審查其動機，將發現它是那樣的脆弱和輕浮，如果他不習慣思考人類想像力的奇妙，就一定會驚奇地發現，一個世紀為它堆積了如此之多的浮華與威儀。

對抗與革命的藝術，就是要革除確定的習俗，一直追溯到它的根源，指出它缺乏權威和公正。據說，我們必須回到國家的自然法和根本法，也就是一種不公正的習俗已經廢除掉的自然法和根本法。這樣一場遊戲一定會導致所有法律喪失，在這個天平上沒有什麼是公正的。

然而，人們卻樂於傾聽這類議論。他一旦認識到束縛，就會立即擺脫它，而大人物們則從他們的毀滅，以及那些對既成習俗懷有好奇心的考察者的毀滅中，大獲其利；但根據一個相反的錯誤，而這並不是沒有先例的，這就是為什麼最明智的立法者說：「為了人民的利益而欺騙人民是有必要的。」另一位優秀的政治家則說：「如果他不明白解放自己的真理，那就讓他去受騙吧！」我們必定看不到篡位的事實。法律一旦沒有理性的引導，就會變成合理的法律。我們一定要使人把它當成是權威的、永恆的，並且把它的起源隱藏起來，如果我們並不希望它很快就壽終正寢的話。

沉思

帕斯卡站在一個批判者的立場，憑藉他敏銳的人生洞察力，為我們指出了其所處時代正義的內涵——習俗就是正義的本質。

對於正義的探討，展現了帕斯卡強烈的社會關懷和正直、良知、睿智、溫情、多采多姿的博大胸懷。

毋庸置疑，帕斯卡對人類道德文化的貢獻不容忽視。

強權是世界的帝王

「這條狗是我的，」那些兒童說，「這塊有太陽的地方歸我。」這就是地球上一切侵占行為開始的情形。

如果是否應該發動戰爭並且殺死那麼多人是我們需要考慮的問題，就不應該只有一個人來當裁判，而且他還是有利害關係的一方；應該有第三方出現，且他應該是沒有任何利害關係的人。

我們沒有真正的法律，如果有，那我們就不應該把一個國家的習俗當作正義，正是由於找不到真正的正義，我們才找到了強權。

正義與強權——服從正義的東西，這是正確的；尊重最強的東西是必要的。沒有強權的正義是無用的，沒有正義的強權是暴虐的；沒有強權的正義會被否認，因為總有違背者；沒有正義的強權會被譴責。因此，我們必須將正義與強權結合，為此我們就要使正義強而有力，使強而有力的東西擁有更多正義。

正義是有爭議的，強權卻很容易看到且沒有爭議。因此，我們不能為強權賦予正義，因為強權否認正義並聲稱正義就是它自己。如此一來，因為我們不能使正義成為強而有力的，於是我們就使強而有力的成為正義的。

唯一普遍的法則，就是國家在日常事務中的法律，以及在其他事務中的少數服從多數。這是從哪裡得出來的呢？就是根據其中所具有的強權。由此可見，具有特別權力的國王，可以不聽從大多數人的意見。

財富的平等無疑是公正的，但由於無法讓強權遵循公正的法則，人類就把遵守強權的規定當作公正的事情。由於無法捍衛公正，他們就把強權公正化。因此，公正與強者就結合起來，並且產生了至高無上的和平。

「當有武裝的強者保存自己的財富時，他的財產處於和平中。」

我們為什麼要服從多數人的意見呢？是因為他們更合理嗎？不，是因為他們更強而有力。

我們為什麼要遵循古老的法律和意見呢？是因為它們更健全嗎？不，是因為它們是獨一無二的，並且是可以消除我們之間分歧的根源。

……這是強權而非習俗的效果。因為有能力的人太少了，更多的人只會依照別人的意見行事，而拒絕把光榮給予那些人以其創造來追求榮耀的創造者們。如果有創造力的人堅持要獲得榮耀並鄙視那些沒有創造力的人，那麼，後者就會給他們加以種種可笑的稱呼，並以棍棒相贈。因此，但願人們不要以精明自詡，或者說，但願人們把自滿留給自己吧！

強權是世界的帝王，而不是輿論。但輿論會利用強權，是強權造就輿論的。言行溫和在我們的輿論中是美好的。為什麼呢?因為被絞死的人會是孤獨的，而如果我招呼一大群更強的旁觀者，那是不合時宜的。

沉思

睿智的帕斯卡關注著社會的種種現象，得出了「強權是世界的帝王」的著名言論。毫無疑問地，帕斯卡對其所處時代的洞察是正確的，而且在二十一世紀的今天，這句話似乎也有其合理性。

然而，「和平」才應該是世界的主題，當和平而不是強權，而是世界的帝王時，我們才能更快樂、更幸福，這與我們每一個人的努力都分不開。

權力的特性就是能保護

維繫人們彼此尊敬的繩索，整體而言，是出自需要的繩索。因為既然所有人都希望能夠統治，但並非所有人都有能力做到，只有某些人可以，就一定會有不同的級別。

因此，讓我們想像已經看到一個社會正在形成。人們必將彼此爭鬥，直至強者那一方確定下來之後，統治者們便不希望再有爭鬥了，他們下令說，他們手中的權力將按照他們高興的方式繼承下去。有些是透過人民選舉移交，另外一些則透過世襲繼承……。

正是在這裡，想像力便開始發揮它的作用。迄今為止，是權力在造就事實，如今則是權力被想像力維繫在某一方：在法國是貴族中，在瑞士是平民中。

因此，將人們的尊敬維繫在個別人身上的繩索，就是想像力的繩索。

瑞士人會因為被人稱作紳士而不開心，他們會盡全力證明自己是真正的平民，目的是被人視為有能力擔任重要的職務。

由於強權統治一切，達官顯貴、王侯將相就都是真實而必要的，任何地方、任何時候都需要。然而，由於使某一個人成為這麼一位統治者的原因反覆無常，原則就不確定了，而是隨時會發生各種變化。

首相表情嚴肅、衣著華麗，因為他的位置是不現實的。國王則不同，他擁有權力，跟想像沒有任何關係。而醫生、法官、律師等諸如此類的人，僅僅訴諸於想像。

國王身邊總是伴隨著鼓樂、衛隊、官員以及各種讓人敬畏的裝備，這個習慣使他們極具威嚴，使他們的臣民心生敬畏，因為我們無法在思想中把國王本人和經常見到的環繞四周的隨從分開。世人不知這樣的效果乃是我們習慣的結果，他們相信這樣的威嚴與生俱來，因此，才有人說這樣的話：「他的面容刻著神聖的字樣」。

正義——正如時尚造就了漂亮，同樣地它也造就了正義。

建功立業就是偉大，因此就有對建功立業的尊敬。

偉人的快樂在於他有使其人民快樂的權力。

財富的性質就在於能夠慷慨地施捨。

每一件東西的特性都應該加以探求。權力的特性就是能夠保護。

比如強力打擊騙子的時候，比如當士兵揭掉第一大臣的方帽並將它扔到窗外的時候。

建立在信念與想像力基礎上的政府可以統治一段時間，這樣的政府是讓人開心的、自願服從的；建立在強權上的政府則可以永久地統治下去。因此，信念是世界的女王，而強權則是世界的暴君。

沉思

為了擁有權力和利益，人們就會互相爭鬥。好權之人爭於朝廷，好利之人爭利於市場，爭鬥永無止境。

豁達的人有深遠的見解，不去爭奪外物，把利看成汙穢的糞土，把權看得輕如鴻毛。避開了利就能使人無恨，拋開了權就能讓人輕鬆。

試問，還有什麼比知足常樂、瀟灑俐落、無所拖累更讓人快活的呢？

尊敬的原因

如果人們並不迫使我去尊敬一位身穿綾羅綢緞、侍從尾隨的人，那可真是一件再好不過的事情了！為什麼呢？如果我不向他致敬，他會叫人鞭打我啊！這是強迫的習慣。在一匹馬那裡也是如此，一匹馬相對別的馬而言也可能披金戴銀啊！

外表整潔漂亮並非愚蠢之舉，至少它證明有許多人在為一個人工作。透過一個人的頭髮可以看出他有沒有僕人、有沒有粉匠……還可以看一個人的服飾、針腳、飾帶等。擁有許多僕人也並不只是膚淺的裝配或外表的虛飾，僕人越多，他的權力也就越大。打扮得整潔漂亮就是在顯示自己的權力。

尊敬也就是說：「麻煩你。」這是表面上的虛飾，但卻是非常正確的。因為這就是說：「我願意麻煩自己，如果你要求我這麼做。」此外，尊敬還能發揮區別偉人的作用。如果尊敬是透過坐在扶椅上實現的，那我們應該向所有人表示尊敬，這顯然顯示不出任何的差別。但是，如果讓自己很是不便，彼此之間便涇渭分明了。

我們憑外表而不是內在的品行來區分不同的人，這是多麼恰當啊！我們兩個誰應該有優先權？誰應該向對方讓步？是最不聰明的那一個嗎？然而，我跟他一樣聰明。我們兩個得為此爭一個長短，他有四名隨從，而我只有一名。這是可以看出來的，數一數便知道。結果是我要讓步，如果我還在為此爭執，那我就是傻瓜了。

世界上最不合理的事情，可以由於人們不講規則，而變成最合理的事情。還有什麼比選擇一位王后的長子來統治一個國家更不合理的呢？我們是不會選擇一個出身最好的旅客來當船長的。

這條法律本來是荒唐可笑，而且不公平，但是因為人類本身就是荒唐可笑，而且總是願意保持這個樣子，因此，條法律就成為合理和公正。當人們需要選擇最有德行、最有能力的人時，我們立即會大打出手，因為每個人都聲稱自己才是最有德行、能力最強的人。那就讓我們把這樣的品行附加在某種無可爭議的東西上面吧。這位是國王的長子，這是相當明顯且沒有爭議，理性也沒有更好的辦法，因為內戰是最大的罪惡。

出身高貴好處很多。如果出身高貴，十八歲便可以進入上流社會，為人所知、被人尊敬，而普通人則可能要到五十歲才能做到，輕輕鬆鬆就占了三十年的便宜。

透過出身或財富等外表來區分貴賤，世人又一次因為顯示出這何等不合理的行為而激動。然而，這又是相當合理的行為，只有野蠻人才會嘲笑年幼的國王。

什麼是自我？

假設一個人臨窗而坐，看著過往行人，而我從這裡經過，我能說他站在這裡是為了看我嗎？不能，因為他並沒有特別地注意我。

然而，一個因為美而喜歡某人的人，他真的喜歡那個人嗎？不是，因為天花可以破壞那個人的美麗而不使她死亡，因而可以使他不再愛她。

如果有人因為我的判斷力、記憶力而愛我，那他不是愛我，因為我可能失去那些品行而又不失去自身。

如果既不在體內，又不在靈魂裡，那麼，自我到底在哪裡呢？由於這些品行很容易消失，因此，並不能構成自我，但除了這些品行之外，又如何能夠愛身體或靈魂呢？所以，愛一個抽象意義上的人的靈魂是不可能的，也是不公平的，無論那個人的靈魂裡面有什麼樣的品行。因此我們永遠不可能愛一個人，我們只能愛他的某些品行。

因此，讓我們不要再嘲弄那些因為地位或官職而受到尊敬的人吧，因為我們之所以愛一個人，僅僅因為那些假借的品行而已。

沉思

在帕斯卡看來，尊敬一個人的原因在於其整潔漂亮的外表、尾隨的侍從、高貴的出身、較高的社會地位等。他這樣說，是由於其所處時代的局限，然而並不適合於二十一世紀的今天。

馬爾登說：「要獲得別人的尊敬，須有種種好的品行，自私、小氣、嫉妒的人，是不可能獲得尊敬的。」誠實、守信、自尊、謙退、忍讓、尊敬他人等美好的品行，才是真正讓你獲得尊敬的原因。

論法律

習俗之所以為人遵守，僅僅因為它是習俗，而並非因為它是合理的或公正的；然而，人們卻因為相信它是正義的這唯一的理由而遵守它，否則即使它是習俗，人們也不會遵守，因為人們只願意服從於理性或正義。習俗缺乏理性或正義，就會成為暴政，而理性和正義的統治並不比欲望的統治更暴虐。對人類而言，這些都是自然的法則。

因此，遵守法律和習俗是正確的，因為它們是規則，但是，我們應該認識到，其中並沒有注入任何真理或正義。我們並不了解這些東西，因此，必須按照已經接受的東西行事。換言之，我們永遠不得違背法律和習俗，但人們無法接受這樣的說教，因為他們相信真理是可以找到的，而且真理就存在於法律與習俗之中，所以，他們便相信法律和習俗，並把它們的古老性當作它們是真理的證據，而不僅僅是用它們遠離真理的權威作為證據。他們為此而守法，但如果這些法律被證明是沒有價值的，他們就會輕而易舉地背叛它們，從某個角度觀察，一切都一目瞭然。

對人民來說，法律不公正是危險的，因為他們之所以遵守法律，就是因為他們認為法律是公正的。因此，有必要同時告訴他們，他們必須要守法，因為它們是法律，正如他們必須服從上級一樣。他們服從上級，並不是因為上級是公正的，而是因為他們是上級。這樣一來，假如能夠把這話說得容易為人所理解，讓人明白什麼才是公正的確切定義，那麼，所有的叛亂行為就可以防止了。

沉思

公正的法律必須得到遵守。

《老子．第七三章》：「天網恢恢，疏而不失。」

縱觀歷史，無論是為所欲為的君王、流竄江湖的亡命之徒、替天行道的英雄豪傑，還是禍亂天下的強盜頭子，他們即使能得逞於一時，卻無法逃脫這個精闢格言的無情懲罰，這八個字是對所有欲冒死犯難者的提醒，是對所有亡命之徒的警告，也是對一切勇於冒天下之大不韙者最嚴厲的訓誡。

暴政是將強權發揮到極致

暴政在於希望把無處不在的強權發揮到極致。

強者、講求公平者、有良好判斷力的人、虔誠者，各有自己所統轄的不同場所，各自管著自己的那一方事務，並不越界。然而，有時候他們會碰在一起，於是強者會與講求公平者愚蠢地爭鬥，看誰應該作為一方的主人，但他們的主宰權是屬於不同種類的。他們相互並不理解，他們的謬誤在於企圖在任何地方都實施統治。但是，沒有任何一個人能做到這樣的事情，哪怕是強權也不行，因為在智者的王國那裡強權一無是處，它只不過是外部行動的主宰而已。

暴政——下列這些話都是錯誤的、專橫的：「我是講求公平的，因此人們應該怕我。我有強大的權力，因此人們應該愛我。我……。」

暴政就是以某種方式得到我們只有以另一種方式才能得到的東西。我們對各種不同的優點要盡不同的義務：對漂亮有義務愛慕，對強大的權力有義務懼怕，對學識有義務信任。

我們應該盡到這些義務，拒絕這些義務是不對的，要求盡別的義務也是不對的。因此下面這些話都是錯誤、專橫的：「他沒有強大的權力，所以我不尊重他；他沒有能力，所以我就不懼怕他。」

難道你從來沒有見過這樣一些人，為了抱怨你小看他們，他們就向你列舉許多有地位的人都是看重他們的嗎？對於此，我只要回答他們說：「拿出你讓這些人看重的優點來吧！只要我看到，我也會同樣地看重你。」

欲望和強大的權力是我們一切行為的根源，而欲望引起自願的行為，權力引起不自願的行為。

沉思

關於暴政我並沒有什麼可說，在此我僅想談談讀書的問題。

讀什麼書，取決於為什麼讀書。我們之所以讀書，大致有三種目的：一是為了消遣，以讀書來打發時光；二是為了實際用途，如閱讀專業書籍，以獲取實用知識；三是為了獲得精神上的啟迪和享受。

如果是出於這最後一種目的，我們認為讀如《思想錄》之類的人文經典是最佳的選擇。

人人渴求普遍的美好

人人都在追求幸福，沒有例外。無論他們用什麼樣的方法，都是趨向這一目標。使一些人投入戰爭而另一些人逃避戰爭的，是同一種欲望，只是他們持有的觀點不同而已。意志除了趨向這個目標之外，是絕不會向前邁出一小步的。這就是每個人，甚至那些上吊自殺的人，全部行為的動機所在。

然而，經過了這麼多年，卻從來沒有一個缺少信仰的人到達過眾人嚮往不已的那一點。所有人都在抱怨——君主、臣民、貴族、平民、老人、青年、智者、愚者、強者、弱者、健康的、生病的，不分國家，不分時期，不分年齡，不分境遇。

一場如此長久、如此持續而又如此一致的驗證，當然應該讓我們信服：我們無法憑藉自己的努力而達到美好。然而，先例並不能告訴我們什麼，沒有哪一種相似會完美到不存在一丁點差別。因此，我們期望著我們的希望不會在這種情況下像以前那樣受到欺騙。如此一來，雖然當前從來都不曾讓我們滿足，但經驗卻會愚弄我們，引導我們走向不幸，直到走向死亡那座永恆的巔峰。

這種願望和無能向我們大聲宣告的又是什麼呢？莫過說人內心裡以前是有過一種真正幸福的，而現在留給人的僅僅是那種幸福的標誌和空洞的痕跡，人在徒勞無益地力求能以自己周圍的一切事物來填充自己，要從並不存在的事物之中尋求他所不能從現存事物中得到的那種支持。然而，這一切都是做不到的，因為那無限的深淵只能被一種無限和不變的物體所填充，也就是說，只有上帝本身能填充。

唯有上帝才是人類真正的美好，自從我們背棄了上帝，自然界中就沒有任何東西可以取代上帝，這是一件奇怪的事情。星辰、天空、大地、元素、植物、白菜、韭菜、昆蟲、牛犢、蛇、熱病、瘟疫、戰爭、飢餓、罪惡、通姦、亂倫。而且自從人類失去了真正的美好，任何東西對他們都顯得同樣美好，甚至是他們自己的毀滅，雖然這是如此地違背上帝、違背理性、違背整個自然。

有些人在權威中尋求美好，有些人在科學研究中尋求美好，有些人在快樂中尋求美好，還有些人事實上離真理很近，認為所有人渴望的普遍的美好，必然不存在於只能為一個人所擁有的任何個別事物中。個別事物一旦被分享，就會使它的分享者因缺少自己所沒有的那部分而感到痛苦，這痛苦甚至超過了擁有那部分能為他們帶來的快樂。他們認識到，真正的美好應該是所有人都能立即享有的東西，不會縮減，沒有嫉妒，沒有人會違反自己的意願而喪失它。他們的理由是，這願望是人天生就有的，因為所有人都必然有而且不可能沒有，於是他們就推論說：權威、好奇心與肉慾三者在本質上均屬於個人，唯有理性的思想是以普遍的美好為其對象，它只在於內心的自由，所以每個人都可以同等地獲得它而不必傷害或嫉妒他人。

沉思

人人渴求普遍的美好。

在帕斯卡看來，普遍的美好不存在於只能為一個人所擁有的個別事物中，真正的美好是所有人都能享有的東西，每個人都可以同等地獲得它而又不必傷害和嫉妒他人。

換言之，我們之所以不能獲得普遍的美好，嫉妒是一大原因。

嫉妒是一種非常有害的心理，它可以使嫉妒者自己形成一種非常低下、醜陋的心理，使嫉妒者走向一條狹窄的人生道路，也使受嫉妒者受到極大的傷害。所以不要有嫉妒，不要嫉妒不是不承認別人的優點、功績，而是要正確地認識他人的成就，不自卑、不自滿，正確地評價他人、評價自我，從而克制和避免嫉妒心的形成。

人的偉大和悲哀

人的偉大和悲哀，是如此地明顯；人身上既有偉大的重要源泉，也有悲哀的重要源泉。

人的偉大和悲哀——人身上有越多的偉大，就能發現有越多的悲哀。

人之所以偉大，是因為他認識自己的可悲。一棵樹並不知道自己是可悲的。

因此，可悲的事情就在於認識自己是可悲的。然而，知道自己的可悲也是偉大的。

我們沒有感覺就不會可悲；一棟破舊的房屋不會可悲，只有人才會可悲。

人的偉大——我們對於人的靈魂具有一種如此偉大的觀念，以至於我們不能忍受它受人蔑視，或不受別人的靈魂尊敬；而人的全部幸福就在於這種尊敬。

人的偉大甚至在於其貪欲，他知道如何從中提煉出令人驚奇的幻覺，也知道如何從中描繪出仁善的圖景。

人的偉大——財物的理由說明人的確偉大，竟然能從貪欲中提煉出如此美妙的一個秩序來。

人類最大的無恥就是追求榮耀，這也是他出類拔萃的最大標誌，因為無論其擁有什麼財富，享有再好的健康和最大的舒適，如果他不受人尊重，他就不會滿意。他如此看重人類的理性，以至於無論他究竟具有什麼樣的優勢，如果他在別人的判斷力中不占有優勢地位，他就不會滿足。這是世界上最美好的地位，什麼都不能轉移，是人心之中最無法消除的本性。

那些最蔑視人類並把人視同禽獸的人，卻希望被別人讚賞和信任，這使他們自相矛盾。他們那強於一切的天性讓他們信服人類的偉大，比理性讓他們信服人的無恥更加有力。

人要麼是隱蔽起自己的可悲，要麼是如果他揭示了自己的可悲，他便認識了可悲而光榮了自己。

人類的偉大顯而易見，甚至可以從他的不幸中看出來。

對人類的本質不妨以兩種方式來看：一種根據他的目的，這樣便可以看出他的偉大和無與倫比；另一種根據行為，正如我們平常評判馬、狗的天性，要看牠們速度的快慢一樣，此時人就是卑鄙邪惡的了。這兩種方式讓我們從不同層面評判人類，並在哲學家中引起爭論。

一種人否認另外一種人的假定。一個人說：「他生來就不是做這件事情的人，因為他的一切行動都與之不一致。」另一個人說：「當他有如此低劣的行為時，他就拋棄了自己的目的。」

偉大與不幸——不幸是從偉大之中推導出來的，而偉大也是從不幸之中推導出來的。有些人推知人類不幸更多，因為他們拿自己的偉大當作這個推斷的證明，另外一些人推知人類的偉大更多，因為他們是從自己的不幸之中進行推導的。一方為了證明自己的偉大而能夠說出來的所有話，僅僅用作了另一方為不幸理論而進行的論述，因為我們墮落越深，我們越不幸，反之亦然。在一個無止境的圓圈裡，一方被拖回到另一方。

可以肯定地說，按照不同人具備不同眼力的比例來說，他們發現人類既有偉大之處，亦有不幸之時。一句話，人類知道自己是不幸的，因此他是不幸的，因為他的確不幸；但是，因為人類知道自己的不幸，所以顯得極為偉大。

人的這種雙重本質是如此明顯，因此有人認為我們有兩個靈魂。單一主體在他們看來不能夠產生如此突然的變化，一會兒趾高氣揚，一會沮喪到極點。

絕不可讓人相信自己等同於禽獸，更不可等同於天使，也不可讓他對這兩者都忽視，而是應該讓他同時知道這兩者。如果他抬高自己，我就貶低他；如果他貶低自己，我就抬高他；並且永遠和他對立，直到他理解自己是一個不可理解的怪物為止。

我要同等地譴責那些下定決心讚美人類的人，也譴責那些下定決心譴責人類的人，還要譴責那些下定決心自尋其樂的人；我只能讚許那些一面哭泣一面追求著的人。

在已經證明了人的卑賤和偉大之後——現在就讓人尊重自己的價值吧，讓他熱愛自己吧，因為在他身上有一種足以稱為美好的天性；可是讓他不要因此也喜歡自己身上的卑賤，讓他鄙視自己吧，讓他恨自己吧；讓他愛自己吧，他的身上有著認識真理和可以獲得幸福的能力；然而，他卻根本沒有獲得真理，無論是永恆的真理，還是瞬間的真理。

因此，我要使人渴望尋找真理並準備擺脫感情而追隨真理，既然他知道自己的知識是怎樣地為感情所矇蔽；我要讓他恨自身中的欲念——欲念本身就限定了他——以便欲念不致於使他盲目地做出自己的選擇，並且在他做出選擇之後也不致於妨礙他。

沉思

這篇文章是輯錄帕斯卡《思想錄》中關於「人的偉大和悲哀」的一些片段，雖不相連，卻也能看出帕斯卡思考的深度、追求的熱烈和文筆的莊嚴凝重。

帕斯卡借用對比等修辭，以其特有揭示矛盾的方法，反覆闡述了人的偉大和悲哀之間的對立統一，論證了人既崇高又軟弱無力、既卑賤又偉大這一悖論，再一次天才地揭示了「人因為思想而偉大」這一動人的主題。

我們應該愛上帝

我們必須愛唯一的上帝，這是一件多麼顯而易見的事情啊！幸福既不在我們之外，亦不在我們之內。幸福在上帝那裡，而上帝既在我們之外，亦在我們之內。

人的偉大與可悲是那樣地顯而易見，真正的宗教教導我們：人既有著一種偉大的源泉，也有著一種可悲的源泉。它必然會為我們指明理由，用以解釋這些令人驚異的矛盾。

為了讓人幸福，它必須向人們揭示：上帝是存在的；我們應該愛上帝；我們真正的幸福就是投入上帝的懷抱，而我們唯一的罪惡就是與上帝分離。必須承認，我們被黑暗籠罩著，這黑暗阻礙我們去認識上帝、熱愛上帝，因此，我們的責任迫使我們去愛上帝，然而，我們的欲念卻讓我們與上帝分離，我們的心中充滿了罪惡的東西。它必須能向我們說明，我們為什麼會反對上帝，為什麼會站在自己利益的對立面。它必須教導我們治療這些無能為力，以及告訴我們治療的方法。因此，讓我們審視這世界上的所有宗教吧，看看除了基督教之外，有沒有任何一種其他的宗教能滿足這一些。

那會是哲學家的目標嗎？他們只是把我們內心的美好作為全部的美好提出來。

真正的美好就在這裡面嗎？他們找到救治的方法了嗎？把人置於與上帝平等的地位，是不是就可以治好人的傲慢了呢？把我們等同於禽獸的那些人，以及把現世快樂作為美好的回教徒，他們是不是就為我們的欲望找到了治療之法呢？然而，又有哪種宗教能教導我們認識美好、責任，使我們背離了宗教的種種脆弱、脆弱的原因、治療的方法以及獲得這些方法的途徑？

其他的一切宗教都無法做到這一些。讓我們來看看上帝的智慧能夠做些什麼吧！

祂說：「不要期待真理，也不要期待人們的安慰。我就是那個造就你的人，只有我才能讓你知道你是誰。但是，現在你已不是我造就時的那種樣子了。我所造就的人是神聖的、天真的、完美的；我讓他充滿光明和智慧；我把自己的光榮和神奇傳給他。那時人的眼睛能看到上帝的尊嚴，他那時還沒有陷入使他盲目的黑暗中，也沒有屈服於讓他痛苦的死亡和災禍。

然而，他卻不能承受如此大的光榮而不陷入傲慢，他想以自我為中心而不依賴我的幫助，他從我的統轄下抽身，由於他渴望從自身中尋找幸福，希望他自己處於與我平等的位置，於是我就放棄了他，讓他自處。我讓那些原來臣服於他的造物轉而反抗他，讓它們成為他的敵人。現在，人變得如同野獸，他們流離失所，已經和我非常疏遠，他們的創造者只是他們眼中微弱的一絲光芒而已。他的全部知識已經被打亂或者已經消失。感官脫離了理性，而且經常成為理性的主人，引導他們去追求快樂。所有的造物要麼折磨他，要麼誘惑他，凌駕於他之上，要麼以強力征服他，要麼以魅力誘惑他，在他之上建立一個更為可怕、更為專橫的暴政。」

「這就是人現在的狀態。他現在還殘留著前期狀態中某些追求幸福的脆弱本能，但是，他卻一頭栽進盲目和欲念所引起的邪惡中，這已經成為他的第二天性了。」

「我把這個原理揭示給你們看，據此你們就能看出這些矛盾的起因，就是這些矛盾使所有人震驚，並使他們分成持有不同觀點的不同派別。現在你們看，那麼多的痛苦經歷都無法阻擋住的偉大情操和榮耀，看看其中的原因到底是不是在另一種天性裡。」

「人啊！你們憑自己的力量去尋求治療自身疾病的方法，那是徒勞之舉。你們全部的智慧只能達到這樣一個認識：你們並不能在自己身上找到真理或美好。

哲學家向你們這樣承諾，而他們自己並未做到。他們既不知道你真正的美好是什麼，也不知道你們真實的狀態是怎樣的。他們連你們得的是什麼病都不知道，又如何為你們治病呢？你們最大的毛病就是傲慢，它讓你們遠離上帝，還有欲念，它把你們束縛在大地上。除抱有各式各樣疾病不肯放手之外，他們毫無作為。如果他們讓你把上帝當作歸宿，則只需要治療傲慢這一種疾病就可以了。他們使你覺得，你的天性跟神一樣，也遵照神的意願行事。而看出這種說法荒唐的人，卻又把你推上了另一個懸崖，讓你知道你的天性和野獸的天性是一樣的，並引導你在與動物共有的欲望裡去尋找美好。這並不是治療你罪惡的方法，因為這些聰明人是根本不知道方法的。只有我才能讓你明白你是誰！」

沉思

令人稱奇的是，帕斯卡作為一名一流的科學家，竟然是以目擊奇蹟而轉向宗教（編按：其妹在皇港修道院的腿傷，被據說來自耶穌荊冠的一根棘刺當場醫好），並且由此契機而走向神學。

其實，在十七世紀中期的一批歐洲現代科學創始人當中，帕斯卡由科學轉向宗教的經歷並非罕見。跟帕斯卡一樣，同時期的牛頓對經典物理學及數學的全部貢獻早在年輕時代就完成了，牛頓中、晚年時期的大部分時間都用於神學考證和煉金術的研究，共有上百萬字的神學論證和六十餘萬字的煉金術著作；而比牛頓稍早幾十年，並且為他鋪平了地心引力理論道路的克卜勒，最後竟訴諸占星術，以回報神聖羅馬帝國皇帝魯道夫二世給予他「皇家數學家」的獎賞；稍晚幾十年的「現代化學之父」拉瓦節，假如不是因為忙於承包稅收，並使用極端手段索取稅款，而在巴黎斷頭臺落入共和黨人的刀俎，說不定也會把他發現氫、氧的成果歸功於神授智慧，使自己的化學研究轉向難以預測的方向。

人類天性腐化

人是怎樣的一個怪物啊！多麼奇異的東西啊！這是什麼樣的一種混亂，什麼樣的一種矛盾，什麼樣的一個驚人的事件啊！既是一切事物的審判官，又是大地上愚蠢的可憐蟲；既是真理的託管人，又是不確定與謬誤的製造者；是宇宙的光榮和糟粕！

誰來排解這場紛爭？天性挫敗了懷疑主義者，理智駁倒了教條主義者。人啊！你們在以你們的天賦理性探索你們真實的狀況，那你們又會變成什麼樣子呢？你們既不能躲避這些派別，又不能支持其中的任何一派。

因此，傲慢的人啊！你應該明白自己是什麼樣的一個矛盾。無能的理智啊，讓自己謙卑吧；愚蠢的天性啊，讓自己沉默吧。你要明白，人是無限地超越於自己，你要從主人那裡明白自己的狀況，因為你現在還對此茫然無知呢！聆聽上帝的聲音吧！

因為事實上，如果人類不曾腐化，他一定會在他的純真時代確切地得到真理和幸福；而如果人類一向都是墮落，他就不會產生真理或賜福的觀念了。儘管我們處境悲慘，假如我們的生活狀態裡並不存在崇高偉大就更為悲慘；然而，我們有幸福的觀念，雖然我們無法到達這樣的幸福。我們感受到真理的形象，我們戰勝的只有謊言。我們無法絕對無知，也無法有確切的知識，所以我們曾經處於一種完美的境界，而又不幸地從其中墮落，這是再明顯不過的事情了。

有些人把天性看成是完美無缺，另一些人則把天性看成是不可救藥，他們無法逃脫傲慢或懶散這兩大罪惡之源，因為他們只能或者由於怯懦而沉溺其中，或者由於傲慢而遠遠逃避。因為如果知道人的優越性，他們就會無視人的腐化，以至於他們雖然輕易就避免了懶散，卻陷入傲慢之中；而如果認識到人性的不堅定，他們就會無視它的尊嚴，以至於他們雖然輕易就避免了虛榮，卻陷入絕望之中。

人的天性就是如此，它是何等的腐化啊！

腐化了的天性——人根本就不是根據構成他那生命的理智而行動的。

（編按：拉羅希福可《箴言集》：「我們並沒有足夠的力量來追尋我們全部的理性」。）

理智的腐化表現為不同而奇異的風尚，為了使人不再留念於其自身之中，就一定要有真理到來。

真正的人性、人真正的美好、真正的德行以及真正的宗教，都和知識分不開。

米東（編按：帕斯卡友人）認真看出了天性的腐化，而人類又是與誠實背道而馳的；不過，他卻不知道他們何以不能飛得更高。

我們渴望真理，但在我們身上找到的卻只有不確定。

我們追求幸福，但我們找到的卻只有可悲與死亡。

我們無法抑制地渴求真理和幸福，但我們卻既不可能得到確定，也不可能得到幸福。這種渴望留在了我們心中，既是為了懲罰我們，也是為了使我們明白我們是從何處墮落。

沉思

梭羅說：「正如他是一個偉大的文學家一樣，他的書也是他自己的精神自傳。」

伏爾泰說：「在這些不朽的爭論之中，只有帕斯卡留存到了現在，因為只有他是一個天才，只有他還屹立在世紀的廢墟之上。」

謝瓦里埃說：「他之於法蘭西，猶若柏拉圖之於希臘，但丁之於義大利，賽凡提斯之於西班牙，莎士比亞之於英格蘭。」

我們則說：「帕斯卡的《思想錄》，這一超越了時空的經典哲理散文，就像一葉智慧的扁舟，帶你駛離浮華虛實的彼岸……。」

論欲望

對於貪欲而言，人除了傷害別人之外，還沒有找到其他辦法來滿足自己的貪欲。

同情不幸者並不與貪欲矛盾。我們完全可以拿出友誼的證據，並獲得仁慈、友善的名聲，而又不必奉獻出任何的東西。

從貪欲之中，人發現並制定了政策、道德和公正的良好規則；但在現實中，人的邪惡根源只是得到了掩蓋，卻沒有徹底消除。

人天生仇視其他人，在服務於公共福利方面，他們竭盡全力使自己的貪欲充分發揮；然而，這只是一個藉口，是愛的錯誤表象，因為骨子裡仍存在著仇恨。

總是使別人感到方便，別人沒有理由恨我們。如果因為它是不公正的我就恨它，而且如果它使自我成為一切的中心，那麼我會一直恨下去。

自我有雙重性質：就它使自己成為一切的中心而言，它本身就是不義的；就它想奴役別人而言，它對於別人就是不利的，因為每一個自我都是其他人的敵人，並且都想成為其他一切人的暴君。你可以抹除它的不利，卻不能抹除它的不義；因此，你並不能使它對那些恨它不義的人變得可愛，你只能使它對那些在其中不再發現自己敵人的不義的人變得可愛。因此，你始終是不義的，並且只能討不義的人喜歡。

如果讓人人都把自己放在首位，只想到自己的利益、好運和生活，而不顧及其餘的世人，那是一種怎樣的荒謬啊！

世上的一切都是肉體的欲望，或者是眼睛的欲望，或者是生命的傲慢。

肉體的貪欲、眼睛的貪欲、驕傲等。事物有三種秩序：肉體的秩序、精神的秩序和意志的秩序。講名利的人是富人的國王，他們把肉體當作自己的目標；詢問者和科學家，他們拿思想當作自己的目標；智者，他們拿正義當作自己的目標。

在肉慾的事情上面，尤其是貪欲在統治著；在智力事物上，尤其是詢問在統治著；在智慧方面，尤其是驕傲在統治著。並不是說人不能夠吹噓財富或知識，而是說這裡不適合驕傲，說一個人是有學問的人，就不容易讓他明白驕傲是錯誤。適合驕傲的地方是智慧，因為不能夠說一個人是自己讓自己變聰明，也不能說他驕傲是錯誤的，因為那是正確的。

三種欲望形成了三種派別，而哲學上所做的事無非就是追隨三種之中的一種罷了。

尋求真正的利益——普通人把利益放在運氣和外部的物品中，或者至少要放在娛樂中。哲學家顯示了這裡面的虛妄，並把真正的利益放在了他們能夠放的地方。自我意志永遠也不會得到滿足，儘管它能掌握自己意願的一切，但是放棄它的那一刻，我們就會得到滿足。沒有它，我們就會滿足；有了它，我們就不可能滿足。

有些人確實看到人類除了欲念之外就沒有別的敵人。那些相信人類的美好只在於肉體、而邪惡只在於使他們脫離感官歡樂的人們，就讓他們沉溺於其中，並讓他們死於其中吧！

沉思

人有欲望，是因為人有需求。就需求而言，人需要吃飯，便思謀著獲得食物；人需要愉悅身心，便希求五彩的美色和美妙的音樂；人需要消除勞頓，便總是想著如何使自己安逸舒適。這些欲求，其實都出自人的天性使然。

人的欲望既是出自人的天性，就不可能沒有，不可能戒絕。

人雖很難戒欲，但要能制欲。制欲，就是要求人不能放縱自己的欲望，不能貪得無厭，欲壑難填。人對外物的追求應該是與人的需求相符的，人本該是欲望的主人。

整體的利益

讓我們想像一個會思考的軀體吧！

我們必須想像一個會思考的軀體，因為自己就是整體的一部分，我們必須看到各個部分是如何愛自己的……。

如果手和腳都有意志，那麼除非它們能以這種個別的意志服從於整體意志，否則它們會處於無序之中；然而，在只想著整體的利益時，它們卻成就了自己的利益。

如果腳一直不知道自己屬於整個軀體，不知道有一個軀體是自己必須要依賴，如果它僅僅知道自己，也只知道愛自己，如果它後來終於知道自己屬於一個整體，它會產生多大的遺憾，會因為自己的過去感到多大的羞愧啊！它多麼地祈禱自己能夠保全在其中啊！應該以怎樣的馴服讓自己聽命於那個統御著整體的意志啊！甚至在必要的時候同意自己被切除，否則就會喪失自己作為一個肢體的品行了，因為每一個肢體都必須甘願為整體而犧牲，只有整體才是大家都要維護的。

認為我們配接受別人的愛是錯誤的想法，我們欲求別人的愛也是不公平的，如果我們天生就理智而又大公無私，就絕不會把這種偏見賦予意志；然而，我們天生就有這樣的偏見，因此我們生來就是不公平的，因為人人都在趨向自我。這是與所有秩序相對立的。我們必須要考慮普遍的美好，而趨向著自我的傾向就是所有無序的起源，在戰爭中，在政治中，在經濟中，而且在人的特別部位也是如此。為了使成員們能夠幸福，他們必須有一個意志，並且使這個意志服從於整體。

作為一個成員，只有透過整體的精神，而且也只有為了整體，才有自己的生命、存在和運動。

成員彼此分離，就再也看不見自己所屬的整體，因此，就只不過成為一個正在消逝的、垂死的存在而已。然而，他相信自己就是一個整體，由於看不到自己所依附的整體，他就相信僅僅依靠自我，希望讓自己既是中心，也是全體。但由於他自身缺乏生命的原則，只能夠走上歧路，並對自己存在的不確定性產生驚異。他會發現事實上他不是一個整體，但仍然沒有看到他是一個整體的成員。簡單地說，當他認識了自身，就會返回原地，就如同回到自己的家，他僅僅因為整體而愛自身，會悔恨自己過去的遊蕩。

他由於自己的本性，除了自身之外，他不可能再愛別的東西，因為他愛自己勝過一切；然而，在愛整體的時候，他也就是愛自己本身，因為他只是在整體之中，透過整體並且為了整體才得以生存。

軀體愛手，如果手有意志，它就應該以同樣的方式愛自身，如同自己為靈魂所愛。所有超出這個範圍的愛都是不公平的。

沉思

哲學前輩馮友蘭曾將人生的境界分為四等：自然境界、功利境界、道德境界和天地境界。自然境界指一個可能只是順從本能或其社會習慣做事情的人所處的人生境界；而以自我為中心，無論做什麼事都以利己為出發點，這就是功利境界；一個不僅關心個人利益，而且更關心集體利益，為集體做事的人則處於道德境界；天地境界的人會認識到自己是浩瀚宇宙中的一員，並總是為宇宙利益做事情。

處於不同境界的人對集體利益的影響是不同，自然境界的人們只是本能地生活在集體中，隨波逐流，他們對集體的影響很小或根本沒有影響；以自我為中心的功利境界的人，總是希望從他人、集體中取得更多利益，但在這取得利益過程中卻有可能損害了他人的利益；道德境界的人們則是集體利益的捍衛者，他們用嚴格的道德準則來規範自己的行為；而天地境界的人則為人類這個大集體的利益奮鬥著。

毫無疑問，愚蠢的人會努力追求前兩種境界，而聰明的人則會努力追求後兩種境界；然而，後兩種境界需要加以努力才能達到。對此，我們就應該從現在做起，從點滴小事做起，不斷提高自己的思想境界，不斷為人類這個大集體的利益奮鬥，不斷為人類的未來努力，不斷為集體做出新的貢獻。

真正的宗教

真正的宗教有一個顯著特徵，即必須有愛上帝的責任，這是毋庸置疑的；然而其他宗教都沒有要求這一點，只有基督教做到了。

真正的宗教，還必須意識到人們的貪欲和弱點，基督教就是這樣。

真正的宗教，必須擁有解決難題的辦法，基督教的辦法就是祈禱。

除了基督教，沒有任何一門宗教曾經教導人們愛上帝，並且跟隨神。

真正的宗教，應該告訴我們：責任是什麼，謙卑是什麼，羞辱是什麼，軟弱在哪裡，驕傲在哪裡，貪欲在哪裡，以及治療頑疾的方法是什麼。

真正的宗教，應說明什麼是偉大，什麼是可悲。

真正的宗教，必須引導我們何時尊重自己，何時輕賤自己。

真正的宗教，還必須教會我們如何愛，如何恨。

除了真正的宗教，沒有其他任何一門宗教曾經這樣的確認：人是最優秀的造物。有些宗教明明看出人的優秀這一事實，它們卻認為人對自身很自然地產生的低俗看法是鄙俗的，而另一些宗教徹底看清了人的這種罪惡有多麼真實，因此，對人的那種同樣十分自然崇高的感情給予傲慢的嘲諷。

有人說：「抬眼仰望上帝吧！」愛比克泰德說：「看看你依附的神，神創造你，是讓你崇拜祂。你可以讓自己變成神的模樣，如果你尋求智慧，智慧便會使你與神等同。」、「抬起頭來吧！自由的人們。」還有一些人說：「低頭看看大地吧！你們這些可憐蟲，思考一下與你們為伴的野獸吧！」

究竟人會變成什麼樣子呢？是與上帝相同，還是與野獸相同？這是多麼可怕的差別啊！究竟我們會成為什麼呢？從這一切中，誰會看不出人已經迷途了呢？人從自己的位置滑落下去，又急於找到一個位置，卻再也找不到了。誰能引導人走向這個位置呢？最偉大的人都失敗了……。

基督教是真正的宗教。基督教告訴人們兩個真理：一是存在著一個人類可以認識的上帝；二是在人類的天性中存在著一種腐化的特性，使人配不上上帝。對於人而言，認識這兩點同樣重要，而只認識上帝卻不了解自己的人是可悲的，只了解自己的可悲卻不知道上帝的人同樣是危險的。僅僅認識到這兩點中的一點，就會要麼產生哲學家的傲慢——他們認識上帝卻不了解自己的可悲，要麼產生無神論的絕望——他們了解自己的可悲卻不認識上帝。

在十七世紀法國思想戰線理論鬥爭中，帕斯卡作為主要代表，參加了楊森主義與耶穌會的論戰。

然而，需要指出的是，楊森主義的風格是強調理性的，而帕斯卡所遵循的基本路線也是理智而非經驗的，是哲學、思考的，而非神學、教條的。

在這篇〈真正的宗教〉以及《思想錄》中的諸多文章，均反映了這一思想特點。

義人的表現

亞伯拉罕並不為自己索取一樣物品，他只為自己的僕人考慮。因此，義人不從世人那裡牟取私利，也不渴求世人給予許多喝彩。

義人只為自己的熾情索取，他以熾情為自己的主人，對一種主人說：「去。」對另外一種說：「來。」如此抑制的激情是美德。

貪婪、嫉妒、憤怒等都是激情，當激情成為主人的時候，它們就會成為惡了，它們會把自身的營養送給靈魂，而靈魂則會借助滋養自身，結果會受毒害。

對於任何事情，義人都會憑信仰行事，當他責備僕人時，是希望他們因責備而得以改正，並得到幸福。在其他的活動中，義人的表現亦是如此。

沉思

「處處以人為先，以己為後」，這是義人的表現之一。

對此，愛因斯坦說：「人是為別人而生存的。」愛因斯坦的話是最樸實、最高尚的人生觀。

人是為別人而生存，這是一種責任感，人若缺少了這種責任感，也就失去了人性和良心。

自我完善

對於揭短的人，我們欠他們的太多，因為他們傷害了我們的感情。他們使我們認識到，我們是多麼地令人厭惡，而他們並不以對我們以後是否令人厭惡負責。事實上，我們還有其他短處會招人厭惡，他們已經為我們做好了準備，讓我們能夠修正自己的行為，克服自己的短處。

人天生就是這樣，若不斷地告訴他，他是一個愚蠢的人，他就真的相信了；同樣，反覆不斷地對他說一件事，他就相信這是真的。故如果一個人能在內心與自己對話，那麼他肯定能把自我調節得很好。

沉思

「金無足赤，人無完人。」我們每一個人都有自己的缺點，重要的是認識到這些缺點並改正。

帕斯卡教給我們兩種認識缺點的方法：一是從別人的評價中認識自己；二是學會與自己良心對話。

做人的節操

我愛貧窮，因為神愛它；我愛財富，因為它可以讓我有能力去幫助貧窮的人。我對所有的人都抱以友善。那些侵犯我的人，我並不仇視他們，更不會侵犯他們，而且希望他們能跟我一樣，不再去侵犯他人，亦不再被他人侵犯。我努力做公正、真實、誠實、對所有人忠實的人。上帝使他們與我密切地聯繫在一起的人，我溫柔相待，無論我獨自一人還是有許多人看著我，我都會在上帝面前行事，上帝會對我的行為作出評判，我把一切的行事都表露在上帝的面前。

這些便是我做人的節操，我今生的每一天都會祝福我的救世主，是他把這樣的情操放置在我的心中，是他把充滿軟弱、悲苦、貪欲、傲慢以及野心的我，以神恩的力量讓我脫離所有這些邪惡，這一切的榮耀都歸於神恩，否則我擁有的只能是可悲與謬誤。

沉思

節操是做人的根本。

何謂節操？即人的氣節與操守。

一腔正氣，不虛偽，不苟且，不貪戀榮華富貴，不懼怕權勢強力，不苟且偷安，不為五斗米折腰，這就是氣節。知道而持行不怠，守本性而遺世獨立，行仁仗義，依理遵道，這就是操守。
節操是生命的境界。有節操的人，是頂天立地的人，是真正的大丈夫。

道德的思索

人美德的力量，不可能由他努力的程度來檢驗，但卻可以由他日常的生活看出來。

我並不會過分讚賞例如勇猛這樣的美德，除非我同時看到另一種相反的品德也極高，比如他擁有極大的勇氣，也擁有極大的仁慈，否則那就不是一種美德，而是一種邪惡。我們不能靠走向極端顯示自己的偉大，而是要兩者兼顧。

年幼的時候，我們不能做出恰當的判斷，年老的時候同樣如此。如果我們不深思，或者一件事情上想得過多，會變得頑固而執拗。如果做完一件事情之後立即思考，人往往會完全沉浸於此事較好的一面；如果放得太久而不去思考，人往往再也提不起精神思考了。距離太遠或太近看一幅畫，也是同樣的道理，只有一個精神點才是看待事物的真正地點，其他地方要麼太遠，要麼太近，要麼太高，要麼太低。在油畫中，透視法決定這個點在哪裡；然而，在真理與道德的事情上，誰能夠確定這個點呢？

如果一切都同樣的激動，那麼就沒有什麼是激動的了，這就如同在一條船上，當所有人都在晃動時，就沒有人看起來是晃動的了；只有當一個人冷靜下來的時候，他才會注意到別人的過度激動，就如同有一個固定的點。

生活放蕩的人往往說井然有序的人偏離了自然的道路，只有自己才過著自然的生活，正如船上的人覺得是岸上的人在晃動一樣。所有方面，這樣的說法都是類似的，必須有一個定點才能判斷。港灣能為身在船上的人做決定，但在道德上面，我們的港灣到哪裡去找呢？

沉思

對於道德我們必須進行思索。

在當今物欲橫流的年代，有許多人認為「德財不能兼備」，要講「德」，就不要涉足爾虞我詐的社會；要追求利益、擊敗對手，就要不擇手段。在他們看來，既要拜金，就沒有資格談「德」。

這是一種錯誤的觀念，他們忽視了以德立身的重要性。

道德是每一個人都必須確定的內在標準，沒有這個內在標準，人生之路就會失去支撐，失敗將是必然的結果。

懷疑主義

最讓我感到驚訝的，莫過於沒有人為自己的弱點感到驚訝。人們行為謹慎，每一個人都有自己的生活方式，並不是因為這種生活方式的確很好，而是由於好像每一個人都確切地知道理性與正義的所在。他們發現自己不斷地被欺騙，但由於可笑的謙恭讓他們認為這是自己的過錯，而不是他們向來宣稱所擁有的那門技藝的過錯。然而，世界上有那麼多這樣的人，他們因為懷疑主義的榮耀而不做懷疑主義者，以便顯示自己有最奇妙的見解，他們相信自己處於天生的智慧之中，而不是處於天生的、不可避免的軟弱之中。

沒有什麼能夠比有些人根本就不是懷疑主義者更能加強懷疑主義的了，如果所有人都是懷疑主義者，那他們可能就錯了。

懷疑主義者──像極端缺乏智力一樣，被指責為瘋狂。除了中庸之外沒有什麼東西是好的，大多數人已經確定了這一點，誰要想在無論哪一端逃避它，他們就會對他有所挑剔。我對此不會反對，我很贊成被置於中庸之道，並拒絕居於下端，這並不是因為它是下端，而是因為它是一端；我同樣也反對把自己置於上端。脫離了中庸之道就是脫離了人性。人類靈魂的偉大就在於知道如何保持中庸之道。

懷疑主義——這裡的每一件事物都半真半假。但本質上的真理並非如此，它是純粹且完全真實的，這種混合既玷汙真理也毀滅真理，那沒有什麼是純粹真實的了，因而如果真實指的是純粹真實，就沒有什麼是真實的。殺人是錯誤的——你會說這是真實的，因為我們很清楚什麼是錯誤的和虛假的；但是，你說什麼是善呢？什麼又是純潔呢？我說沒有，因為世界會走向末日。是婚姻嗎？不是，最好節慾。是不要殺人嗎？不是，因為無法無天是可怕的，壞人將殺光所有的好人。是殺人嗎？不，因為那會毀滅人性。我們只擁有部分的真和善，其中混雜著假和惡。

在自負者那裡，對謙遜的論述是傲慢的來源，而在謙卑者那裡卻是謙遜的來源。因此，就懷疑主義發表的論述讓信仰者更加堅定。很少有人以謙遜的態度談及謙遜，以清高的口吻談及清高，很少有人以懷疑的態度論及懷疑主義。我們僅僅是虛妄、兩面派、矛盾，我們掩飾自己，也偽裝自己。

反對懷疑主義。這是一個奇怪的事實，不把東西弄得模糊不清，就無法為它們下定義，而我們卻又信心十足地談論它們。我們假定所有的人都以同樣的方式構想它們，但我們在毫無根據地做出假定，因為我們對此並無證據。我確實看到同樣的字句被用在同樣的場合，而且每次當兩個人看到一個物體改變位置時，他們都用同樣的話來表示對同一事實的看法，他們說物體移動了。從這種字句的一致運用中，我們產生了一個強烈的信念，即思想的一致性。即使我們盡可以對其確實性打賭，但這並不是絕對令人信服，因為我們知道，我們經常從不同的前提下得出相同的結論。

至少這也足夠混淆問題了，並不是說這完全撲滅了使我們確信這些事物的自然之光。學院派可能會取勝，但這也會使事情變得乏味，懷疑主義黨徒的榮耀困擾了教條主義者。此榮譽的畫龍點睛之處在於這種可疑的含混性和某種可疑的曖昧性，在這種曖昧性中，我們的懷疑不能驅走所有的光明，我們天性的光也無法趕走所有黑暗。

沉思

《思想錄》無疑是一本哲學經典，對於經典我們可以有不同的讀法。一個學者可以把經典當作學術研究的對象，從思想史、文化史、學科史的角度進行分析，這是學者的讀法。

然而，如果一部經典只有這一種讀法，我們就要懷疑它作為經典的資格。唯有今天仍然存在的經典才配叫做經典，它們不但屬於歷史，而且超越歷史，彷彿有一個不死的靈魂在其中永存。

正因為如此，在閱讀它們時，不同的時代、不同的人都可以從中感受到不同靈魂覺醒的驚喜。

追蹤帕斯卡的人生之路，鑑賞《思想錄》這一魅力永存的經典之作。

人生就是一場夢

倘若我們每天晚上都做同樣的夢，那麼就會像我們每天看見的物體一樣影響我們。如果一個匠人每天都做同樣的夢，夢見自己是個國王，我相信他肯定會跟國王一樣開心；同樣地，國王也有可能每天都做同樣的夢，夢見自己是個匠人。

倘若我們每天晚上都做夢，夢見自己被人追趕，而且被那些痛苦的幻影所困擾，或者夢見我們每天都在換工作，那麼，我們有可能會相信那是真實的，並且因此而痛苦不堪，導致精神恍惚、失眠、不敢睡覺，因為我們害怕一旦入睡就會碰到那樣的災難，而那會引起跟現實一樣的痛苦。

然而，因為夢跟夢不同，每一個夢的內容也不盡相同，夢中見到的一切對我們產生的影響，遠遠小於醒著的時候對我們的影響，這是由於它的連續性不同；然而，醒著的時候，夢也沒有連續平緩到完全不會發生變化的程度，只是變化得不那麼突然而已。除極少數時候，例如當我們旅行時，此時我們會說：「看起來我好像是在做夢。」

人生就是一場夢，連續性是那麼的反覆無常。

沉思

人生就是一場夢，其短短的數十年一晃而過。
對此，我們應該提醒自己：時間就是生命。
人生就是一場夢，其連續性是那麼反覆無常。
對此，我們應該提醒自己：一切隨緣莫強求。
人生就是一場夢，其功名利祿如過眼雲煙。
對此，我們應該提醒自己：平淡是心猿意馬的剋星。

理性和激情的內戰

本能和理性，是兩種天性的代表。

理性指使我們遠比一個主人專橫得多，因為不服從主人我們就會不幸，而不服從理性我們就是傻瓜。

理性的最後一個進程就是確認。有無限多的事物遠在理性之外，如果理性看不到這麼遠，以至於不明白這個道理，那麼只能說明理性非常脆弱。

順從是對理性的運用。

我們必須明白什麼地方該懷疑，什麼地方該確信，什麼地方該順從，不這麼做的人就是不明白理性的力量。有一些人違背這三條規則，要麼宣布一切事物都是可證實的，這是他們不明白什麼是證實的結果；要麼懷疑一切，這是不知道什麼地方該順從的結果；要麼遇事就順從，這是不知道什麼地方該運用判斷的結果。

如果理性不做出判斷，不明白自己有時候應該順從，那麼它就都不會順從。如果理性判斷自己應該順從，那麼順從就是正確的。

沒有任何東西比否認理性更能讓理性感到安逸。

德．盧安內先生說：「理性後來才讓我明白，一開始，一件事情或者讓我開心，或者讓我震撼，但我自己並不明白其中的理由，它震撼我的原因是我後來才發現的。」但我相信，不是說震撼他的原因是後來才發現，而是說，那些理由只是在事情給予他震撼之後才發現。

人的內心中有理性和激情的內戰。

如果他只有理性而沒有激情……。

如果他只有激情而沒有理性……。

但既然兩者都有，他心中就不可能沒有衝突，他必須與一方達成和平而與另一方戰爭，因此總是分裂，並總在與自己抗爭。

理性與激情的內戰，把那些想要和平的人分成兩派，一派願意拒絕情感而成為神靈，另一派願意拒絕理性而成為野獸。但他們都做不到，理性依舊存在，它譴責激情的卑賤和不公正，它打擾了委身於激情的那些人的安寧，而激情也總是活躍在試圖拒絕它的那些人心中。

沉思

理性與激情是一對不可調和的矛盾。私欲、偏狹、傲慢、浮躁等，都屬於激情。忠誠、正義、仁愛、誠信等，都屬於理性。理性與激情誰強誰弱，實際上是一個人修養的表現，而要做一個有修養的人，毫無疑問必須去掉自身所有的劣根性。

電子書購買

國家圖書館出版品預行編目資料

帕斯卡的賭注：上帝存在，人性敗壞！不信上帝將會墜入無盡深淵？從 << 思想錄 >> 探索人性的本質 / 游偉翔著 . -- 第一版 . -- 臺北市：崧燁文化事業有限公司，2022.01
面；　公分
POD 版
ISBN 978-626-332-011-6(平裝)
1.CST: 帕斯卡 (Pascal, Blaise, 1623-1662) 2.CST: 學術思想 3.CST: 宗教哲學
146.33　110021936

帕斯卡的賭注：上帝存在，人性敗壞！不信上帝將會墜入無盡深淵？從《思想錄》探索人性的本質

臉書

作　　者：游偉翔
排　　版：黃凡哲
發 行 人：黃振庭
出 版 者：崧燁文化事業有限公司
發 行 者：崧燁文化事業有限公司
E-mail：sonbookservice@gmail.com
粉 絲 頁：https://www.facebook.com/sonbookss/
網　　址：https://sonbook.net/
地　　址：台北市中正區重慶南路一段六十一號八樓 815 室
Rm. 815, 8F., No.61, Sec. 1, Chongqing S. Rd., Zhongzheng Dist., Taipei City 100, Taiwan (R.O.C)
電　　話：(02)2370-3310　　　**傳　　真**：(02) 2388-1990
印　　刷：京峯彩色印刷有限公司（京峰數位）

- 版權聲明

本書版權為作者所有授權崧博出版事業有限公司獨家發行電子書及繁體書繁體字版。若有其他相關權利及授權需求請與本公司聯繫。

未經書面許可，不得複製、發行。

定　　價：370 元
發行日期：2022 年 01 月第一版
◎本書以 POD 印製